国家社会科学基金重大招标项目成果

《扩大内需的财税政策研究》系列著作

高培勇 主编

扩大内需的
财税作用机制研究

如何实现供给与需求两端发力

何代欣 著

中国社会科学出版社

图书在版编目（CIP）数据

扩大内需的财税作用机制研究：如何实现供给与需求两端发力／何代欣著．
—北京：中国社会科学出版社，2017.8
ISBN 978 - 7 - 5161 - 9251 - 1

Ⅰ.①扩…　Ⅱ.①何…　Ⅲ.①扩大内需—财政政策—研究—中国②扩大
内需—税收政策—研究—中国　Ⅳ.①F812.0;F812.422

中国版本图书馆 CIP 数据核字（2016）第 265928 号

出 版 人	赵剑英
责任编辑	田　文
特约编辑	张　红
责任校对	张爱华
责任印制	王　超

出　　版	中国社会科学出版社
社　　址	北京鼓楼西大街甲 158 号
邮　　编	100720
网　　址	http://www.csspw.cn
发 行 部	010 - 84083685
门 市 部	010 - 84029450
经　　销	新华书店及其他书店

印　　刷	北京君升印刷有限公司
装　　订	廊坊市广阳区广增装订厂
版　　次	2017 年 8 月第 1 版
印　　次	2017 年 8 月第 1 次印刷

开　　本	710 × 1000　1/16
印　　张	12.5
插　　页	2
字　　数	169 千字
定　　价	48.00 元

总　序

一

　　这套系列著作——《扩大内需的财税政策研究》，是我主持完成的2009年度国家社会科学基金重大招标项目的研究成果。从申报立项到按期结项，再到研究成果正式出版，持续了五年有余的时间。

　　这是有一些特殊的缘由和考虑的。

二

　　扩大内需的财税政策，显然是一个有关宏观经济政策的命题。这一命题的提出、招标以及研究过程是与国内外宏观经济环境的变化联系在一起的。

　　项目的提出和招标，正值中国进入反国际金融危机的"肉搏"阶段。面对当时被称为百年不遇、前所未有的危机，在全力保增长的旗帜下，中国政府不仅启用了有史以来最大规模的经济刺激措施，而且把积极财政政策作用"主攻手"推到了宏观调控的最前沿。作为积极财政政策作用的对象，尽管传统上的"三驾马车"——消费、投资和出口——一个都不能少，无一例外地都被归入了扩张系列，但是，相对于外部需求动荡不定、难以掌控，内部需求则握在自己手中、容易掌控，从立足于自身的立场出发，扩大内需理所当然地成为财政扩张的主要着力点。我们拟定的项目研究计划，也理所当然地植根于反危机的积极财政政策操作。

　　在项目依计划进行的两年多时间里，中国始终处于危机与反危机的"僵持"状态。虽然经济逐步呈现出一些回升向好的势头，但基础不牢，仍然处于国际金融危机之中的总体态势并未改变，反危机的压力并未减轻。在实践层面，积极财政政策格局一直持续的背景下，我们的研究当然不会脱离扩张性的财政操作轨道。围绕扩大内需的一系列理论和实践论证，也始终聚焦反危机的需要，贯穿了"扩内需—保增长"这一基本财政政策的思想线索。故而，当2012年课题结项时间到来之时，我们按计划递交的一系列研究报告，不可避免地统统打上了一层反危机的烙印。

然而，2012年恰是中国经济由高速增长步入中高速增长的转折点。随着中国经济减速趋势逐步形成，一系列以往几乎从未遇见过的新现象、新问题引起了我们的关注。

比如，以往应对经济危机的思维犹如治疗感冒发烧。不论症状有多严重，也不论用药剂量有多大，根据经济周期性波动的理论，作为一种周期性发作的病症，危机在持续一段时间后，经济总会回到原有的正常轨道。但是，这一轮危机却与以往的表现大不相同。不仅持续时间远超以往，而且，即便一直在操用"逆周期调节"的治疗方案，经济也始终未能回到以往轨道。这提醒我们，短期的周期性因素可能不是左右经济形势变化的唯一原因，除此之外，长期的结构性因素也在发挥作用。

又如，既然经济减速不仅是周期性波动的影响所致，而且包括长期的结构性因素的作用，围绕扩大内需的理论和实践论证，当然不能局限于反危机的财税政策思维，甚至不能主要基于反危机的财税政策思维。既然经济的运行已经彰显出大不同于以往的形态，围绕扩大内需的财税政策设计，当然要跳出短期的"逆周期调节"思维，而要着眼于短期和长期操作相结合、总量和结构问题相兼容、"急性病"和"慢性病"一并治。

再如，逆周期调节所涉及的操作，大多属于政策范畴。针对结构问题的操作，则不仅涉及政策设计，还涉及制度安排，甚至更多的是制度安排。因而，在经济形势发生重大变化的条件下，扩大内需必须立足于财税政策调整和财税制度变革两个层面的联动。

认识到中国经济发展进入了新阶段，战略机遇期的内涵已发生深刻变化，我们决定，虽然课题要按期结项，但围绕它的研究不能也不应止步于此，而须持续下去——根据变化了的形势向纵深迈进。待研究成果相对成熟时，再交付出版。

三

　　绝非巧合，就在我们作出延迟成果出版时间决定之后的这一段时间里，面对中国经济日益呈现出的深刻而复杂的转折性变化，从学术界到决策层，都在进行深入而系统的思考。尤为重要的是，以习近平同志为总书记的党中央在深化对经济发展规律认识的基础上，逐步形成了一系列有关经济工作的新理念新思想新战略。

　　于2012年12月15日至16日召开的中央经济工作会议，在全面评估国内外经济社会形势的基础上，不仅第一次摒弃了以往对于经济增长速度"快"的追求——不再使用如"持续快速协调健康""平稳较快""又快又好"或"又好又快"的表述，将经济工作的目标定位于"实现经济健康持续增长和社会和谐稳定"，把领导经济工作的立足点聚焦提高发展质量和效益、加快形成新的经济发展方式。而且，从加强和改善宏观调控出发，第一次改变了以往作为反经济周期工具的宏观经济政策布局——不再局限于相对单一的熨平经济周期作用，将"逆周期调节"和"推动结构调整"这一双重任务同时赋予了宏观经济政策，让宏观经济政策兼具"逆周期调节"和"推动结构调整"两个方面的功能。与此同时，进一步明确了经济持续健康发展须建立在扩大内需的基础上：要牢牢把握扩大内需这一战略基点，培育一批拉动力强的消费增长点，增强消费对经济增长的基础作用，发挥好投资对经济增长的关键作用。要增加并引导好民间投资，同时在打基础、利长远、惠民生，又不会造成重复建设的基础设施领域加大公共投资力度。

　　2013年11月，中共十八届三中全会召开。在全会通过的《中共中央关于全面深化改革若干重大问题的决定》中，根据我国发展进入新阶段、改革进入攻坚期和深水区的深刻论断，作出了全面深化改革的系统部署。以此为契机，将改革引入宏观经济政策视野。在"健全宏观调控体系"的标题之下明确指出了宏观调控的主要任务：保持经济总量平衡，促进重大经济结构调整和生产力布局优化，减缓经济周期波动影响，防范区域性、系统性风险，稳定市场预期，实现经济持续健康发展。

　　紧跟着，于同年12月10日至13日召开的中央经济工作会议，将稳中求进与改革创新结合起来，强调在坚持稳中求进工作总基调的同时，把改革创新贯穿于经济社会发展各个领域各个环节，以改革促发展、促转方式调结构、促民生改善。用改革的精神、思路、办法来改善宏观调控，寓改革于调控之中。以此为基础，提出了全面认识持续健康发展和生产总值增长关系的全新命题：不能把发展简单化为增加生产总值，要抓住机遇保持国内生产总值合理增长、推进经济结构调整，努力实现经济发展质量和效益得到提高又不会带来后遗症的速度。要冷静扎实办好自己的事，大力推进改革创新，把发展的强大动力和内需的巨大潜力释放出来。

一年之后，在 2014 年 12 月 9 日至 11 日举行的中央经济工作会议上，关于"我国进入发展新阶段、改革进入攻坚期和深水区"的论断被进一步高度概括为"经济发展新常态"。并且，围绕经济发展新常态，分别从消费需求、投资需求、出口和国际收支、生产能力和产业组织、生产要素相对优势、市场竞争特点、资源环境约束、经济风险积累和化解、资源配置模式和宏观调控方式九个方面，全面分析了中国经济发展所发生的趋势性变化。由此得出的结论是：我国经济正在向形态更高级、分工更复杂、结构更合理的阶段演化，正从高速增长转向中高速增长，经济发展方式正从规模速度型粗放增长转向质量效率型集约增长，经济结构正从增量扩能为主转向调整存量、做优增量并存的深度调整，经济发展动力正从传统增长点转向新的增长点。认识新常态、适应新常态、引领新常态，是当前和今后一个时期我国经济发展的大逻辑。

又是一年之后，2015 年 10 月 26 日至 29 日，中共十八届五中全会审议通过了《中共中央关于制定国民经济和社会发展第十三个五年规划的建议》。在深刻认识经济发展新常态以及由此形成的一系列治国理政新理念新思想新战略的基础上，勾画了中国未来五年以及更长一个时期的发展蓝图：鉴于国际金融危机破坏了世界经济增长动力，新的自主增长动力没有形成，世界经济增长对我国经济增长的带动力减弱，我们必须更多依靠内生动力实现发展。鉴于全球需求增长和贸易增长乏力，保护主义抬头，市场成为最稀缺的资源，我们必须更多依靠扩大内需带动经济增长。鉴于世界新一轮科技革命和产业变革蓄势待发，发达国家推进高起点"再工业化"，发展中国家加速工业化，我国要素成本快速提高，我们必须加快从要素驱动转向创新驱动。在这一进程中，要牢固树立创新、协调、绿色、开放、共享的发展理念。并且，要以提高发展质量和效益为中心，加快形成引领经济发展新常态的体制机制和发展方式，保持战略定力，坚持稳中求进，统筹推进经济建设、政治建设、文化建设、社会建设、生态文明建设和党的建设，确保如期全面建成小康社会。

四

从第一次将经济工作的目标定位于"实现经济健康持续增长和社会和谐稳定"，到提出全面认识持续健康发展和生产总值增长关系的全新命题；从第一次赋予宏观经济政策"逆周期调节"和"推动结构调整"的双重功能，到确立创新、协调、绿色、开放、共享以及以提高发展质量和效益为中心等一系列发展理念；从我国发展进入新阶段、改革进入攻坚期和深水区的深刻论断作出全面深化改革系统部署到将其进一步高度概括为"经济发展新常态"，到全面分析中国经济发展所发生的趋势性变化；从认识新常态、适应新常态、引领新常态，到加快形成引领经济发展新常态的体制机制和发展方式；从明确经济持续健康发展须建立在扩大内需的基础上，到勾画中国未来五年以及更长一个时期的发展蓝图，可以十分清晰地看到，今天的我们，已经身处一个与以往大不相同的环境之中。或者说，今天的我们，已经站在一个与以往大不相同的新的历史起点之上。

既然环境变了，起点变了，围绕扩大内需的财税政策的研究，自然也要立足于新的发展环境和新的发展阶段，根据全新的发展理念、发展思想和发展战略来加以深化。当前，尤为重要的是，将扩大内需的财税政策作为一项重要的支撑力量与如期全面建成小康社会的奋斗目标相对接，融入"四个全面"战略布局和"五位一体"总体布局，全面推动经济社会持续健康发展。

第一，经济保持中高速增长，确保2020年实现国内生产总值和城乡居民人均收入比2010年翻一番的目标，是确定不移、非完成不可的任务。扩大内需的财税政策，应当也必须放在这个大前提之下加以研究和谋划。面对全球经济贸易增长持续乏力、国内经济下行压力日趋严峻的形势，至少在未来的五年时间里，扩大内需事实上已进入"被倒逼"

状态：为了确保实现"两个翻番"的目标，必须坚守经济年均增长6.5%以上的底线。为了坚守这一底线，就必须释放出足够的内需，保持足够的内需规模。这意味着，锁定以足够的内需支撑经济中高速增长这一目标，财税政策不仅要继续保持扩张状态，而且要持续加力增效。

第二，注意到我国经济转向中高速增长系周期性和结构性因素交互作用的结果，再注意到依赖于反周期的扩张政策来刺激需求、拉动增长的效应已经趋于减弱。在如此条件下，扩大内需的政策操作，应当且必须将需求管理与供给侧结构性调整结合起来一并展开。在适度扩大内需的同时，着力于提高供给体系质量和效率，增强经济持续增长动力，推动我国社会生产力水平实现整体跃升。这意味着，与以往有所不同，旨在扩大内需的财税政策固然位于需求一侧，但其视野所及却不能也不宜局限于需求。由需求延伸至供给，在需求和供给两条线上同时发力，在稳增长和调结构之间保持平衡，将成为与经济发展新常态相适应的扩大内需的财税政策的常态。

第三，在经济发展新常态的背景下，逆周期的扩张性操作也好，推动结构性调整也罢，绝不限于政策安排层面，除此之外，还须依赖制度变革。事实上，在潜在增长率大致既定的条件下实现经济中高速增长，必须靠潜在增长率加改革红利，两者缺一不可。因而，改革红利的释放是一个可以依赖的更为重要的力量。改革红利有的立竿见影，有的要假以时日才见成果。只要实质性地推进相关领域改革，在6.2%的潜在增长率基础上，增加不小于0.3个百分点的改革红利，便可以达到经济中高速增长的要求。这意味着，与以往有所不同，旨在扩大内需的财税政策固然位于政策层面，但其实质内容，却不能也不宜局限于政策。由政策设计延伸至制度变革，在针对内需实施财政扩张的同时，与全面深化改革相对接，在经济、政治、文化、社会、生态文明建设等诸多领域改革的联动中，创新扩大内需的财税政策运行新体制、新机制，应当也必须成为"十三五"时期的一个重要的工作着力点。

第四，鉴于我们是在新的历史起点上，基于经济发展进入新常态的判断展开一系列政策操作，全面而适时地调整以往习以为常的理念、思维和做法，将扩大内需的财税政策建立在贯彻并体现新一届中央领导集体有关经济工作的新理念、新思想和新战略基础上，非常重要。比如，让市场在资源配置中发挥决定性作用，凡是市场和企业能决定的，都要交给市场；要主动做好政府该做的事，要有所为有所不为；我们要的是有质量、有效益、可持续的发展，要的是以比较充分就业和提高劳动生产率、投资回报率、资源配置效率为支撑的发展；保持一定经济增速，主要是为了保就业；宏观经济政策要保持定力，向社会释放推进经济结构调整的坚定信号；只要经济运行处于合理区间，宏观经济政策就保持基本稳定；要避免强刺激政策给经济发展带来的副作用，如此等等。这意味着，与以往有所不同，扩大内需的财税政策应当也必须立足于中国经济正在向形态更高级、功能更齐全、作用更完整、结构更合理的阶段演化的现实背景，有关扩大内需的财税政策必须与经济发展新常态相契合。以此为契机，全面构建扩大内需的财税政策新格局。

第五，随着形势的变化、对于形势判断的变化以及治国理政思路的变化，我国宏观调控的格局也在发生变化。不仅宏观经济政策功能定位同时指向发挥逆周期调节和推动结构调整两个方面的作用，而且宏观经济政策的目标选择也同时指向稳增长、保就业、防风险、调结构、稳物价、惠民生、促改革等多重目标。这意味着，我们不得不将有限的宏观调控资源同时配置于双重作用和多重目标，从而难免使以往的"歼灭战"演化为"阵地战"。这也意味着，我们可以依托的宏观调控空间变窄，从而难免使宏观调控的操作目标或着力点频繁调整。所以，与以往有所不同，扩大内需的财税政策必须在兼容双重作用、兼顾多重宏观经济政策目标的前提下加以实施和推进。无论是发挥消费对经济增长的基础作用，还是发挥投资对经济增长的关键作用，都要置身于这样一个复杂多变的大棋局。在彼此协调、相互交融的过程中捕捉扩大内需的契机，探寻扩大内需的方法，构建扩大内需的机制。

讲到这里，可以揭示的一个基本事实是：我们必须走出一条与以往大不相同的扩大内需的财税政策新路子。

五

基于上述的认识和判断，我们对初步完成于 3 年之前的研究成果作了全面的修正。修正之后的研究成果，构成了读者面前的这套系列著作：

《扩大内需的财税政策：理论分析与政策建议》

《中国的国民收入分配与扩大内需：基于财税政策视角的探究》

《扩大内需的政府收入政策研究》

《扩大内需的财政支出政策研究》

《扩大内需的财政政策的国际经验：比较与借鉴》

《扩大内需的财税作用机制研究：如何实现供给与需求两端发力》

可以看出，在"扩大内需的财税政策研究"这一总题目下分别写就的六本著作，显然不是面面俱到的，而是选择性地围绕若干重点展开的研究。这样做，一方面是研究力量所限，我们不可能也未试图对本项目涉及的所有问题展开全面分析。另一方面也是出于重点突破的考虑——组织有限的人力，在有关本项目的关键环节和重点地带实施攻关，以期形成具有基础性和支撑性作用的成果。

虽经几番修订、数易其稿，又跨越几年的时间，但限于水平，这套系列著作尚未完全达到令人满意的程度。不少内容有待进一步细化，一些方面还需进一步深化。也可以说，在这个时候，这套系列著作的出版更多是抛砖引玉之举。

我们静候来自各方面读者朋友的批评和指正。

高培勇

2015 年 11 月 15 日于北京

目　　录

第 一 章

中国模式与内需不足

受制于长期内需不足的困扰，中国经济高速增长背后的下滑压力始终存在、近期尤甚。大国转型道路的艰巨性不容低估。推进中的结构性改革，亟须找准发力方向与前进策略。眼下，经济现实与政策供给之间的衔接期更短、紧密度更高。为此，本章分解了内需不足的成因及提升内需的阻碍，包括内需与外需的复杂关联、居民消费不足、产品与服务品质较低、市场分割及过度干预。本研究认为当前中国结构性改革的内在逻辑应包含深刻理解扩大内需的长期性和经济增长的周期性；把弥合收入分配差距作为改善内需的基础；坚持通过创新发展和精细化生产留住消费；实施有助于统一市场、产能出清和消费升级的供给侧改革。

第一节　内需角色的演变：从补短板到稳增长

一　高频率出现的内需不足

内需不足是过去 20 年评价中国经济运行使用频率最高的词汇之一。中国经济高增长主要依靠"三驾马车"中的投资和出口，而非消费拉动的判断，是各方面为数不多的共识。内需和消费在某种程度上被等同起来。换言之，消费不足是内需不足的主要体现①。

---

① 广义上的内需包含资本形成和最终消费（江小涓，2010）。中国语境下的内需不足不是指这两方面都不足，而是单指消费不足。消费不足的判断主要基于与本国资本形成相比，也是与同等量级的经济体相比。

事实上，从主要发达国家的经验看，前期依靠投资和出口拉动，进而带动消费增长的发展路径，是一种比较正常的转型升级模式。毕竟，大多数情况下，经济发展初期普遍存在要素积累不足、有效投资偏低和国内市场弱小，都是内需不足的重要诱因。倚靠高积累实施高投资，再利用要素比较优势对接国际市场需求，确有助于获得长远[①]。

二　内需不足下的增长态势

即使是在内需不足，特别是消费不足已经确认的情况下，中国经济仍然高速增长了 20 年。图 1-1 展示了过去 20 年中国 GDP 增速的累计同比变化。可以看到，过去的 80 个季度中，中国经济增速高于 9% 的情况有 46 个季度，超过一半时间。2011 年以后，季度经济增速波动远低于以往年份，但增速都低于 8%。"保 8""保 7"不时成为稳定经济增长的指标性话语。中共十八届五中全会发布的"国民经济和社会发展十三五规划的建议"提出的标志性数量化指标——"经济保持中高速增长。在提高发展平衡性、包容性、可持续性的基础上，到 2020 年国内生产总值和城乡居民人均收入比 2010 年翻一番。"[②] 据目前采信度较高的测算，中国经济从目前开始的 GDP 增速不能低于 6.5%[③]。

三　补足内需支撑未来发展

如果说 2010 年前的扩大内需只是补足发展短板的愿望，那

[①] 李建伟：《投资率、消费率与经济周期变动的关联度》，《改革》2015 年第 12 期，第 70—82 页。

[②] 《中共中央关于制定国民经济和社会发展第十三个五年规划的建议》，人民出版社 2015 年版。

[③] 《年均增速不低于 6.5%，新动力在哪？》，新华网，2015 年 12 月 8 日（http：//news. xinhuanet. com/expo/2015 - 11/12/c_ 127672045. html）。

么今天所谈的扩大内需，更多体现出支撑中国经济从中高速迈向中高端的主要力量。如图 1 - 1 所示，1995—2014 年，中国 GDP 构成中，最终消费支出比重从 59.07%（1995）下降至 51.42%（2014）。其中，最终消费支出占比最高的年份是 2000 年，为 63.68%，而最低的年份出现在 2010 年，为 49.07%；而主要用于投资的资本形成比重从 39.30%（1995）上升至 45.85%（2014）。其中，资本形成总额占比最高的年份是 2011 年，为 47.33%，最低的年份出现在 2000 年，为 33.93%。而货物与服务进出口比重，除了在 2007 年达到占比 8.69% 的极值，其余年份占 GDP 比重从未超过 5%（2014 年占比为 2.73%）。最终消费支出比重（消费率）的占比始终处于下行通道，说明内需在促进经济增长中的作用一直未能充分发挥。近年来，扩大内需中的最终消费支出比重已经从补足发展短板，转化为使其成为支撑中国经济稳定增长的主要力量。

图 1 - 1　过去 20 年中国经济季度增速（1995 年第四季度至 2014 年第四季度）

表 1 - 1　　　　　支出法①内需与外需的总额及占 GDP 比重 (1995—2014)

| 年度 | 支出法 GDP (亿元) | 内需 | | 外需 | 内需 | | 外需 |
		最终消费支出 (亿元)	资本形成总额 (亿元)	货物和服务 净出口 (亿元)	最终消费支出 比重 (消费率%)	资本形成总额 比重 (投资率%)	货物和服务 净出口比重 (%)
1995	61328.90	36225.70	24104.60	998.6	59.07	39.30	1.63
1996	71861.20	43117.60	27284.50	1459.20	60.00	37.97	2.03
1997	79739.20	47556.70	28632.50	3549.90	59.64	35.91	4.45
1998	85174.40	51509.80	30035.40	3629.20	60.48	35.26	4.26
1999	90447.30	56681.90	31228.70	2536.60	62.67	34.53	2.80
2000	100080.10	63729.20	33960.70	2390.20	63.68	33.93	2.39
2001	110657.40	68617.20	39715.60	2324.70	62.01	35.89	2.10
2002	121576.70	74171.70	44310.90	3094.10	61.01	36.45	2.54
2003	137457.30	79641.50	54850.90	2964.90	57.94	39.90	2.16
2004	161616.40	89224.80	68156.00	4235.60	55.21	42.17	2.62
2005	187767.20	101604.20	75954.00	10209.10	54.11	40.45	5.44

① 支出法国内生产总值是从最终使用的角度反映一个国家一定时期内生产活动最终成果的一种方法。最终使用包括最终消费支出、资本形成总额及净出口三部分，计算公式为：支出法国内生产总值 = 最终消费支出 + 资本形成总额 + 净出口

续表

年度	支出法GDP（亿元）	内需		外需	内需		外需
		最终消费支出（亿元）	资本形成总额（亿元）	货物和服务净出口（亿元）	最终消费支出比重（消费率%）	资本形成总额比重（投资率%）	货物和服务净出口比重（%）
2006	219424.60	114894.90	87875.20	16654.60	52.36	40.05	7.59
2007	269486.40	136438.70	109624.60	23423.10	50.63	40.68	8.69
2008	317172.00	157746.30	135199.00	24226.80	49.74	42.63	7.64
2009	346431.10	173093.00	158301.10	15037.00	49.96	45.69	4.34
2010	406580.90	199508.40	192015.30	15057.10	49.07	47.23	3.70
2011	480860.70	241579.10	227593.10	11688.40	50.24	47.33	2.43
2012	534744.60	271718.60	248389.90	14636.10	50.81	46.45	2.74
2013	589737.20	301008.40	274176.70	14552.10	51.04	46.49	2.47
2014	640696.90	329450.80	293783.10	17463.00	51.42	45.85	2.73

数据来源：国家统计局《2015年中国统计年鉴》①。

————————

① 中国GDP核算方法在近些年曾有多次矫正。如果翻看之前年份（比如2009年）的支出法GDP，最终消费支出，资本形成总额都存在一定的差异。本书数据以最新一次采用的统计年鉴及其采用的统计标准为准。

第二节　内需不足的成因

内需与经济增长之间的复杂关系，令观测内需不足的成因十分不易。具体看，中国经济中的内需与外需之间既存在替代效应，又存在互补性。转型国家的内需不足，大多源自高积累、低消费的赶超战略。在中国，这一问题体现为居民消费不足。产品与服务品质升级落后于需求。此属于创新与发展如何切换的难题。市场分割与政府干预，有制度的因素，也有体制的原因。

一　内需与外需的关系

现阶段，中国经济增长处于换挡调速期。稳增长的关键就是寻找长期的、中高速增长的动力源泉。在要素比较优势逐步衰减[①]，特别是劳动成本优势（即人口红利）从顶峰往下走的时候（蔡昉，2010），消费作为支撑经济增长的引擎作用愈发突出，表 1 - 2 显示了内需与外需分别对 GDP 增长贡献及拉动的状况。可以看出，过去 20 年，最终消费支出对 GDP 增长贡献率和对 GDP 增长的拉动、波动都比较大。这里有 1998 年和 2008 年两次大规模的积极财政政策影响，投资成为保增长的主角。特别是 2008—2010 年资本形成总额连续 3 年对 GDP 增长贡献率及对 GDP 增长的拉动，都高于最终消费支出。这也是过去 20 年中持续时间最长的一次。换言之，调控政策的主观因素与经济周期的客观因素，既彼此交织又相互作用。可以发现，培育以内需中的消费为主导的经济增长模式，是一个长期而艰巨的过程。这既是经济增长长远动力的切换，也是应对经济周期波动的选择。

[①]　蔡昉：《人口转变、人口红利与刘易斯转折点》，《经济研究》2010 年第 4 期，第 4—13 页。

表1-2　内需与外需分别对 GDP 增长贡献率及拉动 (1995—2014)

| 年度 | 对 GDP 增长贡献率 | | | 对 GDP 增长的拉动 | | |
| | 内需 | | 外需 | 内需 | | 外需 |
	最终消费支出 (%)	资本形成总额 (%)	货物和服务净出口 (%)	最终消费支出 (%)	资本形成总额 (%)	货物和服务净出口 (%)
1995	46.20	46.90	6.90	5.10	5.10	0.80
1996	62.60	34.50	2.90	6.20	3.40	0.30
1997	43.20	14.60	42.20	4.00	1.30	3.90
1998	64.80	28.40	6.80	5.10	2.20	0.50
1999	87.10	20.40	-7.50	6.60	1.60	-0.60
2000	78.20	21.40	0.40	6.60	1.80	0.00
2001	49.30	65.30	-14.60	4.10	5.40	-1.20
2002	57.60	38.10	4.30	5.20	3.50	0.40
2003	35.80	69.60	-5.40	3.60	6.90	-0.50
2004	43.50	61.90	-5.40	4.40	6.20	-0.50
2005	56.00	33.00	11.00	6.40	3.60	1.30
2006	42.70	42.60	14.70	5.40	5.40	1.90
2007	46.10	43.60	10.30	6.50	6.20	1.50
2008	44.70	51.80	3.50	4.30	5.00	0.30

续表

年度	对GDP增长贡献率			对GDP增长的拉动		
	内需		外需	内需		外需
	最终消费支出（%）	资本形成总额（%）	货物和服务净出口（%）	最终消费支出（%）	资本形成总额（%）	货物利服务净出口（%）
2009	57.70	87.10	-44.80	5.30	8.00	-4.10
2010	46.90	66.00	-12.90	5.00	7.00	-1.40
2011	62.70	45.20	-7.90	6.00	4.30	-0.80
2012	56.70	42.00	1.30	4.40	3.20	0.10
2013	48.20	54.20	-2.40	3.70	4.20	-0.20
2014	51.56	46.74	1.70	3.76	3.41	0.12

数据来源：国家统计局《2015年中国统计年鉴》。

二　内需不足主要是居民消费不足

内需不足的原因是消费。具体到最终消费支出这个环节，我们发现两个重要的现象：其一，居民最终消费支出占社会最终消费支出比重下降；其二，最终消费率占当年 GDP 比重下降（也即最终消费率与国内总储蓄率之比下降）。表 1-3 给出了最终消费构成及消费与储蓄关系的历年变化（1995—2014）。从最终支出消费构成看，1995—1998 年，社会总消费支出组成中政府每支出 1 元钱，对应居民消费支出 3.5 元，平均比值约为 1∶3.5。但 2000 年以后这一比值再未超过 1∶3。最低值出现在 2013 年，政府每支出 1 元钱，对应居民消费支出为 2.70 元。当然，这里面还有一些政府购买公共服务。但可以看出，社会最终消费支出的结构在发生变化，居民最终消费支出的比重在降低，而政府最终消费支出的比重在上升。从最终消费率与储蓄率的关系看，1995—2002 年，最终消费率与国内总储蓄率之比维持在 1.5∶1 左右。换言之，产生 5 元钱的 GDP，有 3 元钱用于最终消费，有 2 元钱用于储蓄。这一情况从 2003 年开始发生了变化。最终消费率与国内总储蓄率之比从 1.5∶1 降低到 1∶1 只用了四年。2008 年和 2010 年出现了最终消费率低于国内总储蓄率的情况，即小于 1∶1。过去 8 年间（2007—2014），最终消费率与国内总储蓄率之比围绕在 1∶1 附近波动。最终消费率占比降低，国内总储蓄占比升高，成为近些年的一个基本情况。

表 1-3　　最终消费构成及消费与储蓄的关系（1995—2014）

年份	最终消费支出：居民（亿元）	最终消费支出：政府（亿元）	最终消费支出构成：居民/政府	最终消费率（%）	国内总储蓄率（%）	最终消费率/国内总储蓄率
1995	28072.90	8152.80	3.44	59.10	40.90	1.44
1996	33660.30	9457.20	3.56	60.00	40.00	1.50

续表

年份	最终消费支出：居民（亿元）	最终消费支出：政府（亿元）	最终消费支出构成：居民/政府	最终消费率（%）	国内总储蓄率（%）	最终消费率/国内总储蓄率
1997	36626.30	10930.40	3.35	59.60	40.40	1.48
1998	38821.80	12688.00	3.06	60.50	39.50	1.53
1999	41914.90	14767.00	2.84	62.70	37.30	1.68
2000	46987.80	16741.50	2.81	63.70	36.30	1.75
2001	50708.80	17908.40	2.83	62.00	38.00	1.63
2002	55076.40	19095.40	2.88	61.00	39.00	1.56
2003	59343.80	20297.70	2.92	57.90	42.10	1.38
2004	66587.00	22637.90	2.94	55.20	44.80	1.23
2005	75232.40	26371.80	2.85	54.10	45.90	1.18
2006	84119.10	30775.80	2.73	52.40	47.60	1.10
2007	99793.30	36645.40	2.72	50.60	49.40	1.02
2008	115338.30	42408.00	2.72	49.70	50.30	0.99
2009	126660.90	46432.10	2.73	50.00	50.00	1.00
2010	146057.60	53450.90	2.73	49.10	50.90	0.96
2011	176532.00	65047.20	2.71	50.20	49.80	1.01
2012	198536.80	73181.80	2.71	50.80	49.20	1.03
2013	219762.50	81245.90	2.70	51.00	49.00	1.04
2014	242927.40	86523.30	2.81	51.42	48.58	1.06

数据来源：国家统计局《2015 年中国统计年鉴》。最终消费支出构成：居民/政府，以及最终消费率/国内总储蓄率为本研究计算所得。

三　产品与服务品质制约了内需扩大

中国消费结构的转型升级有赖于经济快速增长。2011 年，中国人均 GDP 达 5400 美元。按照各国发展的历史经验，整个社会的消费结构将进入快速换挡的升级时期。社会消费产品和服务从原先的数量温饱型向质量品质型转变。扩大内需不仅仅是简单扩大某一种产品的生产销售数量，而是鼓励价格合理、品质优秀的生产消费。这既符合经济发展的客观规律，也契合我国人民群众对美好生活的期盼。为了展示过去 20 年我国产品和服务品质与扩大内需的关系，我们挑选三个衡量指标：专利申请授权数同比变化情况、社会消费品零售总额同比变化情况和批发与零售业商品库存总额同比变化情况。① 图 1－2 说明：1995—2014 年，专利申请授权数代表的社会创新水平与社会消费品零售总额代表的消费水平，具有大体一致的同比变化关系。特别是 2004 年以后，创新水平与消费水平的同比增速稳定同步。并且可以发现，2005—2012 年间创新水平同比增速快于消费水平增速，但 2013 年后这一趋势有所转变。我们还发现，专利申请授权数与商品库存的同比增速几乎反向。这说明，一方面，创新产品往往适销对路；另一方面，商品周转迅速降低企业存货占款，利用创新研发活动投入增加。

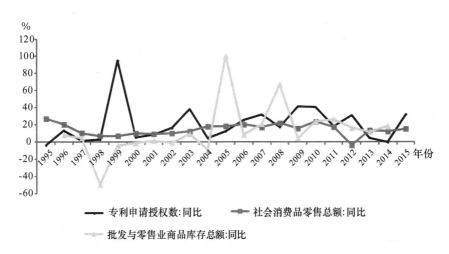

图 1－2　专利授权数、社会消费品零售总额与库存情况（1995—2014 年）

四　市场分割及过度干预影响消费升级

中国特色市场经济建设一直致力于消除市场分割和过度干预。这不仅是建立公平统一市场，促进经济发展的需要，也是扩大内

---

① 现有的数据中专利申请授权数、社会消费品零售总额和批发与零售业商品库存总额都是绝对数。我们做了同比变化情况的计算，以观测这些指标变动之间的关系。

需、改善生产生活的需要。著名发展经济学学者及中国问题专家 Young（2000）把中国现阶段存在的市场分割，以及背后更深层次的政府过度干预，理解为传统计划经济向市场经济转轨过程中的特征性现象①。而进一步的分析则来自中国经济学者自身的努力。一般而言，主流学界认可将中国国内市场分割分为四大类：区域市场分割、消费品市场分割、资本品市场分割和劳动力市场分割②（赵奇伟、熊性美，2009）。造成市场分割有历史的原因，更有政府背后的干预。陆铭、陈钊（2009）发现市场分割与经济增长之间存在倒 U 形的关系。这意味着并不是越发达的地方市场越开放，所谓的规模效应是建立在市场同等发育程度基础上的。发达市场有意疏远弱小市场，是立足于本地经济发展的需要。当然，作为政府间竞争及干预活动的最主要制度背景，财政分权对市场分割的影响也是显著的③。有研究认为，财政收入分权加剧市场分割，而财政支出分权有利于市场统一④（任志成、张二震、吕凯波，2014）。后来的一些细节还能说明市场分割与政府干预的关系，比如，国有企业长期存在的各种补贴（不仅是财政的）。一个区域国有企业占比越高，补贴总量越大，市场分割程度也越明显。这个细节符合直观上理解的市场分割存在时空差异的现象⑤（刘瑞明，2012）。所有市场分割与过度干预的分类、原因及结果，最后都会呈现在市场活动当中。消费便是一个重要的结果观测变量。黄新飞、陈珊珊和李腾（2014）的研究发现，现阶段中国的跨地区边界市场更多体现了

---

①　Young A. The Razor's Edge：Distortion and Incremental Reform in the People's Republic of China ［J］. *Quarterly Journal of Economics*，2000，115（4）：1091 – 1135.

②　赵奇伟、熊性美：《中国三大市场分割程度的比较分析：时间走势与区域差异》，《世界经济》2009 年第 6 期，第 41—53 页。

③　陆铭、陈钊：《分割市场的经济增长——为什么经济开放可能加剧地方保护?》，《经济研究》2009 年第 3 期，第 42—52 页。

④　任志成、张二震、吕凯波：《贸易开放、财政分权与国内市场分割》，《经济学动态》2014 年第 12 期，第 44—52 页。

⑤　刘瑞明：《国有企业、隐性补贴与市场分割：理论与经验证据》，《管理世界》2012 年第 4 期，第 21—32 页。

"以邻为壑"而非"与邻为伴"的特征。其样本中，上海—江苏、上海—浙江、江苏—浙江的边界分割效益显著，体现在农产品价格差异之上①。上述一系列的事实及研究结果都清晰地说明，扩大内需的供给端问题比想象的大得多。而且很多问题，以前没有被重视现在不得不重新审视。可以说，在扩大内需战略新阶段，亟须全方位谋划。

第三节　扩大内需的障碍

扩大内需依然面临重重障碍，结构性改革势在必行。扩大内需是一个长期过程。其间，经济周期会干扰或促进内需改善。稳定扩大居民消费的前置条件是建立可支配收入的正常增长机制。其中，调整政府部门与居民之间的收入分配格局呼唤系统性改革。创新能力和高品质产出往往需要一定的周期。未来政策能不能加速这一过程，尚待观察。阻碍统一市场、产能出清和消费升级的体制机制还在运行，如何迅速调整，考验各方智慧②。

一　扩大内需的长期性与经济增长的周期性存在差异

中国内需问题很大程度上是扩大内需的长期性与经济增长的周期性，共同作用下的结果。世界银行的多份研究资料显示③，大多数国家在进入中等收入阶段之后，都面临内需与经济发展不匹配的问题。这里一方面有国民可支配收入增长趋缓与民众改善性需求之间的矛盾；另一方面还有整个国民经济体系从投资、出口拉动转型向消费驱动的转换问题。克服两方面困难都不是一蹴而就的过程，

---

① 黄新飞、陈珊珊、李腾：《价格差异、市场分割与边界效应——基于长三角15个城市的实证研究》，《经济研究》2014年第12期，第18—32页。
② 王佳宁、罗重谱、胡新华：《重庆经济持续快速发展探因、理论阐释及其基本判断》，《改革》2016年第2期，第6—19页。
③ http://www.worldbank.org/en/research.

往往需要经历比较长的时间。从这个普遍性经验的角度看，所谓的跨越中等收入陷阱以及产业转型升级，就是扩大内需长期性过程中的重要关卡。当然，我们还可以清晰地发现，中国经济在改革开放30 多年中经历了不同的周期。性质亦有所不同。如果说改革开放之初到 20 世纪 90 年代，是蓄积力量破除计划体系的类似"创造性破坏"①（熊彼特，1934）时期，那么 1992 年提出"建立社会主义市场经济"之后，整个经济运行开始真正步入市场规则指导下的成长节奏。进一步讲，第一个阶段解决国内需求问题的目标是摆脱短缺经济，消除指令性计划下的短缺周期；第二个阶段解决国内需求问题的目标是按照市场经济规律、参与国际分工体系，解决经济发展中的结构性问题②（林毅夫，2014），减小国内外经济周期波动影响。因此，解决中国内需问题不能偏离其扩大内需体现的长期性特征，也不能忽视经济增长的周期性影响。制度建设和政策思路应该是长、短期搭配，既注重结构转型又关注短期风险。

二　当前收入分配格局下大幅扩大居民消费尚有难度

中国收入分配差距现状对扩大居民消费不利。收入分配差距过大是世界各国面临的共同问题。经济全球化为缩小收入差距提供了新机遇，同时对弥合收入分配差距提出了新挑战。比如，资本比劳动更容易获得增值报偿，而信息化可能是收入分配问题的"双刃剑"。明确了这样的大背景，再看中国。当前的国民收入分配格局，不简单是人群之间的收入分配差距，还有政府与市场，政府、企业与居民，区域间和行业间的收入分配问题。这些问题超出了传统的收入分配概念，有的甚至是经济学、政治学、社会学和管理学等多学科交叉的内容。一个典型的指标是基尼系数。2003—2014 年中国基尼系数平均水平是 0.48。另一个典型指标是最终消费支出构

---

①　Schumpeter J. A. The Theory of Economic Development, Harvard Economic Studies [J]. *General Information*, 1934, 355 (1403): 159 - 192.

②　林毅夫:《新结构经济学》，北京大学出版社 2014 年版。

成中，居民消费支出比重和政府消费支出比重在过去30年间呈现替代关系（见图1-3）。特别是1998年以后，政府消费支出占比有比较明显的上升趋势。此两方面的原因，令大幅扩大居民消费面临比较大的困难。我们还应该注意到，预防性储蓄动机的强化，导致储蓄对居民消费的替代。由于考虑到自己和后代的未来生活品质，中国居民当期消费约束不仅限于当前的收入情况，而且受到消费预期不确定的影响。可以说，立足于改善收入分配差距，形成公平与效率兼顾的收入分配制度体系与政策框架，依然是未来较长一段时间扩大内需的工作重点之一。

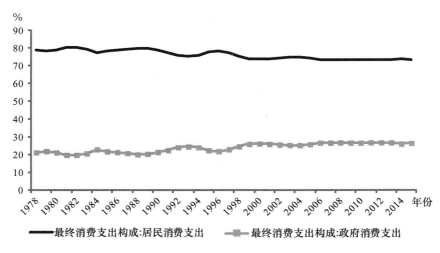

图1-3　最终消费支出构成：政府与居民（1978—2014年）

三　创新能力与产出水平还不能完全满足内需

内需中的消费需求升级高度依赖创新能力和产出水平有新跨越。创新能力和产出水平决定了市场中的产品和服务品质。客观讲，中国经济从短缺走向过剩要比历史上的大多数国家快得多。第一轮过剩是1998年前后以轻纺织工业压锭减员为代表的调整。低端过剩产能在那个时间第一次进入中国人的视野。原来课本上看到的产能过剩，也能发生在曾经长时间位于短缺经济状态的中国。第二轮过剩是今天以钢铁、水泥和煤炭为代表的行业。这次的过剩是产量的问题，更是结构不合理的问题。以钢材为例，中国一方面继续压减螺纹钢和冷轧板的产量；另一方面我们又急需高品质特种钢材。上述是生产环节，消费环节同样如此。我们自己生产的婴幼儿奶粉、电动洁便器、电饭煲、热水杯、智能手机、皮包服饰等都完全能够满足需求，但是我们依然在大量进口，甚至消费者出国采购。如果仔细梳理这些事实，不难发现我们还不能完全掌握更高质量和更高附加值的产品及服务的生产能力，或者即使有这样的生产能力，品牌和技术专利都不在自己手中。有的优质商品是在中国按照高标准生产后，出口到境外，又被国人购回。这些更好品质的商品往往就是扩大内需的增量部分。内需转变成外需。而且这种转变有的还是隐匿在进出口环节的监管之外。不得不说，这是多么无奈，也是不得已。遗憾的背后，还应该看到，提升创新能力和产出水平很可能会是一个比较长期的过程。中国制造的品质与成色，一方面要靠产品本身打造；另一方面更要靠我们自己国民的信任。这一切的基础依然在创新，以及高水准生产工艺的利用。我们的政策部署需要在促进原创与利用高水平工艺上，提供更多的鼓励与支持。这些政策需要长期机制构建与短期政策配合，更多利用市场的办法解决问题，避免陷入一轮又一轮的过剩危机。

四　不利于统一市场、产能出清和消费升级的体制机制

市场不统一和落后产能出清慢甚至不能出清，有很大原因是体制机制造成的。统一市场是我国上至中央下至各级地方政府的愿望，也是社会、企业和个人的期盼。但正是一个多方期待的好事，却始终很难做好。缘由主要有三个：首先，统一市场本身要求外部监管、内部组织密切配合。现在反映出来的问题是，市场规则形成过程受到太多的阻力。地方政府保 GDP 保财力，会对本地企业和产品补贴、优惠乃至设置各种准入便利。看得见的利益很容易战胜远远望见的果实。其次，统一市场有区域市场、消费市场、资本市

场和劳动力市场之分。这里面不仅有商贸问题，还有投融资政策、人口户籍管理等相关问题。多个部门联动的改革，启动难、推进更难。最后，统一市场在中国这样的大国存在时空差异。区域之间的合作更容易切入。需要注意的是，即使是京津冀协同发展这样的国家级战略，统一市场的任务依然艰巨。赵奇伟、熊性美（2009）的研究表明，京津两地的消费品、资本品市场的分割程度都很高。相比之下，劳动力市场的分割程度并不高。落后产能不能出清则是一个更微观的问题，但目前看十分重要。两个层面的原因致使落后产能阻碍扩大内需：第一，落后产能占用了要素资源，降低全要素生产率。第二，落后产能让市场规则失序和价格信号失真，均极不利于消费和资本市场平稳运行。实际上，造成产能过剩的原因很多，Qian（钱颖一）和 Roland（1998）提出的国有企业预算软约束假说，证实了类似中国的转轨国家，各级政府各类补贴和扶持政策都是造成市场难以出清的主要原因①。可以说，破除体制机制障碍依然是未来建立统一市场、淘汰落后产能、推动消费升级的主要办法。

第四节　通往扩大内需之路

扩大内需要以促进经济增长为主要目标。财政与货币政策要起到稳定各方预期的关键作用，注意防范世界经济波动和中国经济周期叠加的双重影响。弥合收入分配差距的策略要更加具体。政府、企业和个人的分配状况和再分配政策应以微观事实为依据。创新发展和精细化生产是留住消费的关键。当前扩大内需不止于量的提升而在于质的飞跃。供给侧改革指向的统一市场、产品出清和消费升级，都是建立真正意义上市场经济的关键环节。破除不适应的旧传

---

① Qian Yingyi, Roland G. Federalism and the Soft Budget Constraint ［J］. *American Economic Review*, 1998, 88 (5): 1143–1162.

统与转型发展，亟待改革红利的持续释放。

一　深刻理解扩大内需的长期性和经济增长的周期性

将扩大内需特别是扩大消费作为未来稳定经济增长的主要引擎。善于把握宏观经济走势，更时刻关注微观具体问题。瞄准构建扩大内需的制度体系及实施方案，我们认为要做好以下三个方面的初始性工作：第一，新时期稳增长、调结构的扩大内需具有更丰富的政策含义。不同于过去扩大总需求函数的设计思路，本轮扩大内需致力于支撑经济增长 6.5% 以上的具体目标。在经济总量世界第二、贸易总量世界第一和全球最大外资流入国的大背景下，扩大内需的有利条件更多，但冲击也更大。始终把握好扩大内需战略的总方向，至关重要。第二，以扩大内需促进经济增长，要善于依靠中性的财政与货币政策，稳定各方预期。不同于过往的直接投资和超发货币思路，中国现阶段的财政条件和金融状况，不适合大面积地直接操作。立足扩大内需的长期性特征，建立起稳定的政策预期环境，更有助于改变微观经济主体决策的盲目性，培养蓄积经济发展的长久动力。第三，经济增长的具体指标与周期规律，决定了扩大内需制度体系的构建模式。2008 年全球金融危机之后，世界经济的稳定性在减弱，而中国融入世界经济的程度却在提升。未来一段时期，中国经济会与世界经济一道面临更多的不确定挑战。经济增长的周期性会比以往更显著地呈现于中国经济的基本面。扩大内需的制度体系在坚持稳定制度架构的同时（比如：扩大居民消费和鼓励创业创新等方面），要为应对波动留下操作空间。财政政策和货币政策的协调需要加强。财税改革与金融改革要注意力度和结构，到该执行时再迅速展开。条件不成熟时注意营造环境，等待时机。

二　把弥合收入分配差距作为改善内需的基础

全面重新审视国民收入分配格局，对政府与市场，政府、企业与居民，区域间和行业间的收入分配问题统筹考虑。基于最终消费支出构成变化趋势，构建有利于扩大内需的收入分配改革方案。相对于2009年"收入分配改革总体方案"的部署，我们认为还有如下四个方面的新内容需要纳入：首先，亟待明确政府、企业和居民之间的收入分配格局与扩大消费之间的关系。过去20年，窄口径的中国财政收入增幅高于GDP增幅约2倍，高于居民可支配收入增幅约1.5倍。各级政府拿走了更多的社会增量资源，也确实完成了重大基础设施建设、基本民生保障等公共产品供给。其次，我们亟待全面评估哪些事情政府做得好该继续做，哪些事情社会做得好该留给社会去办。有助于我们重新调整政府与社会之间的收入分配格局，促进内需扩大。再次，亟待评估收入分配差距对扩大内需潜力的影响。传统上认为人群之间的收入分配差距过大，不利于需求的扩大。但事实并不这么简单，直观上人群中收入分布与消费结构的吻合程度，决定了供给与需求的匹配程度。换言之，现阶段的扩大内需的内在基础是要看收入结构与消费结构之间的关系。只有这样才能准确评估收入分配差距对扩大内需潜力的影响。最后，广义上的收入分配问题牵涉到不同层面，弥合收入分配差距的政策更多应着眼微观。区域间的收入分配差距，往往需要横向转移支付。行业间的收入分配差距，往往需要差异化的税制设计。人群之间的收入分配差距，要根据不同的人群，制定直接补贴或者间接补贴的办法。比如新农合的铺开，就是一个典型的改善居民消费性支出、消除预防性储蓄的良政[1]（白重恩、李宏彬和吴斌珍，2009）。

三　坚持通过创新发展和精细化生产留住消费

创新发展是中国现阶段扩大内需的基础，而精细化生产则是留住消费的前提。创新和生产都不是政策能直接操作的，但政策的设计可以导入市场所不能提供的帮助。中国制造和中国创造能不能

---

[1]　白重恩、李宏彬、吴斌珍：《医疗保险与消费：来自新型农村合作医疗的证据》，《经济研究》2012年第2期，第41—53页。

"双响"于世界，进而满足内需，我们有三个方面的建议：第一，将创新发展的分工进一步明确，政策设计更有针对性。原则上，鼓励企业在技术研发和产品工艺改进上努力；鼓励高等院校和科研院所在基础研究、重大攻关上做突破；强化国家在高铁、发动机、高速互联网以及先进材料等方面集中发力。第二，将创新发展延伸到生产及生活服务的多个层面。着力解决优质产品的配套服务不足问题。延伸产品价值链，为企业和行业拓展增值空间，建立更宽松的市场环境。化解创新服务面临的制度和政策瓶颈。补贴政策和奖励政策要尝试性搭配，金融政策特别是投融资政策在防范风险的同时要进一步宽松，让市场检验创新的成色。第三，着手建立鼓励精细化生产留住消费的政策体系，将提高产品质量和附加值作为优先方向。中国代工了诸多世界名牌，它们大多以品质闻名于世。就手机、个人电脑、箱包和服饰等消费品而言，中国制造工艺水平不在任何一个国家之下。我们的制造之所以要绕道国外，再被购回，这里面有消费者对外国品牌的既有信任，但更多的是对国内品牌背后加工制造的疑虑。改善这一状况的主导在企业，推动力可以来自政府。建立更加完备的政府采购制度，不仅包含商品还有公共服务，既能扩大内需，也能成为国内厂商展示自己商品和服务的平台。

四　实施有助于统一市场、产能出清和消费升级的供给侧改革

中国经济发展还将长期面临统一市场、产能出清和消费升级等问题。政策上能做的是破除体制机制障碍，进而为稳增长、调结构、促改革提供有利环境。最新提出的供给侧改革，对上述三个问题都有自成体系的思路，我们将以此为基础，指出其中的一些关键环节。第一，统一市场要靠中央谋划，更要靠各方福利改进的机制设计。中国市场分割特征基本上是利益造成的封闭。这与市场经济和计划经济体制无关，只与属地或者行业利益相关。激励相容的机制设计要求参与市场的每一方都能从自己的角度获益。这种获益可以是眼前的，也可以是未来的，还可以是来自其他领域的。因此，

我们的政策供给侧改革，应该基于微观利益主体的诉求，而非传统的政府规划视角。第二，产能出清实质是要彻底消除"父爱"关照下的产品、企业和产业对市场秩序的干扰，中国市场经济中的部分微观主体，还有大量明里、暗里的市场优势地位。这些优势有的来自垄断——先入式的天然垄断或者政策允许垄断，有的来自获得政策帮扶特别是资金扶持或者税费优惠，还有的来自 GDP 或者财政收入诉求下的非理性存在。这些情况只有让市场发挥更大的作用，让管制收缩到最小的范围，才能形成真正意义上的市场出清。第三，消费升级既倚靠统一市场和产能出清，也倚靠自身发展。建立一套可以令性价比高、品质优异的产品和服务，快速进入消费领域的保障体系。将监管产品质量和行业垄断，放在同等重要的位置。营造有利于消费升级的宏观大环境。运用法治手段，治理市场先入者运用优势市场地位，违法打击后来者的行为。

第 二 章

扩大内需的财税政策作用机制

结构性改革作为中国经济迈向中高端的突破口，正愈发期待更有效的理论指引与实践探索。值此无论是供给侧还是需求端，扩大内需特别是扩大有效需求的任务十分繁重。厘清第一层面的财税政策作用机制，将有助于突破发展转型中的诸多困境。基于多因素影响的宏观动态分析框架，研究利用对财政乘数理论、收入分配机构理论、居民微观消费理论和政府收入与支出理论的最新进展，探索性地指出了一并化解周期性和结构性行动策略。本研究认为，应尽力扩大财政乘数在稳增长、调结构中的杠杆作用；全面构筑调节国民收入分配格局的宏观调控新思路；准确把握促进居民增收与消费升级的财税政策作用机制；准确把握促进居民增收与消费升级的财税政策作用机制。

第一节 稳增长、调结构下的财税政策定位

一 积极财税政策亟须兼顾稳增长与调结构

经济新常态下的中国财政政策被寄予更多期待。中国经济总量和增速对世界经济的影响不同往昔。与 1998 年和 2008 年两轮积极的财政政策相比，酝酿中的积极财政政策，将有更多发挥空间，也会有更大的作用。但一些深层次背景需要适应，新的问题也有必要预先探讨。首先，如何发挥稳增长过程中的财政政策作用。从过往的经验来看，直接投资进而扩大总需求函数，是稳定经济增长的主

要做法。但目前看，大幅扩大基础设施建设的基本面已不同于往年。倚靠大规模公共建设投资拉动经济增长的发挥空间已经很小。产能过剩的背景下，大规模公共投资的做法，只会延迟转型并进一步恶化财政基本面。其次，如何发挥调结构过程中的财政政策作用。从大多数国家的经验看，财政政策在经济转型过程中都发挥了不可替代的正面作用。以美国20世纪80年代的财政政策为例，作为新公共管理运动的前身，美国财政的转型带动了经济转型。美国新经济结构的形成，与财政体制、收支结构和税制结构的变迁密不可分。最后，如何将建立现代财政制度即财政本身的改革与经济转型紧密衔接。目标中的现代财政制度包含现代化的预算管理体系、收入体系、支出体系及赤字、债务管理体系。事实上，中国经济发展的历程从未脱离财税改革历程。比如新常态下如何对待财政赤字，又如何进行债务管理，往往与过去的观点都有比较大的出入。具体来看，目前中国地方政府面临的债务压力，以及中央财政是否继续扩大财政赤字等，都是在稳增长、调结构当中需要周密研究并谨慎行事的环节。

二　立足宏观调控基本规律的财税政策定位

财税政策和货币政策始终是中国宏观调控中第一层面的政策工具[1]（高培勇，2014）。经济新常态下的宏观调控力求精细化和科学性[2]（李克强，2015）。基于上述两方面的理解，立足宏观调控基本规律的财税政策定位十分关键。其一，如何调节居民收入占国民收入比重下降的问题。根据白重恩和钱正杰（2009）测算[3]，居民部门在全国可支配收入中的占比1996年达到最高，此后逐年降

　　① 高培勇：《由适应市场经济体制到匹配国家治理体系——关于新一轮财税体制改革基本取向的讨论》，《财贸经济》2014年第3期，第5—20页。
　　② 李克强：《宏观调控政策工具箱的工具充足》，中国政府网（http://www.gov.cn/xinwen/2015-09/10/content_2928373.html）。
　　③ 白重恩、钱正杰：《谁在挤占居民的收入——中国国民收入分配格局分析》，《中国社会科学》2009年第5期，第99—115页。

低，截至 2005 年共下降了 12.72 个百分点。在初次分配阶段，只有居民部门占比下降了，而企业和政府部门占比均有所上升，前者下降了 10.71 个百分点，后两者则分别上升了 7.49 个和 3.21 个百分点；在再分配阶段，居民和企业部分占比均有所下降，分别下降了 2.01 个和 1.16 个百分点，但政府部门占比上升了 3.17 个百分点。这说明，自 20 世纪 90 年代中期以来，国民收入初次分配中，居民部门所占份额持续下降。其二，如何把握财政政策中直接调控与间接调控的关系。直接调控是中国财政政策的操作习惯，我们也更有实践经验。但是现阶段，直接调控特别是直接支出或者投资面临一些具体问题。财政收入高增长的时代一去不复返。各级财政增支的空间压缩。经济全面深化，大数据时代政府掌握的经济信息及响应速度受到更大约束。间接调控的方式方法或许更有利于保持政策中性，为经济积攒内生动力，也为政策留有后手。其三，如何把握财政政策的力度与节奏。财政政策科学性体现在其定量特征。我们全面兜底的社会保障体系建设，下一步该如何逐步提升财政实力。设想中的全面减税计划，该如何调整主要税种的税率高低。分步实施的营业税改增值税、个人所得税综合与分类改革、资源税从价计征改革等，应该在什么时机、以何种方式推进，都是需要评估的内容。其四，如何实现财政政策与货币政策的协调。经济新常态呼唤复合型的改革。价税财联动是解决政策调控单兵突破能力薄弱的综合性办法。面对人民币汇率国际化和利率市场化的大背景，财政政策不得不考虑更多的相关因素。比如，一方面，财政支出面对物价变动时，不确定性增加；另一方面，财政收入面对货币政策变动时，可持续增长受到挑战。

三　基于微观行为主体的财税政策定位

如果财税政策忽视微观主体行为，那么就难以起到预想的效果。就目前看，中国财税政策比较缺乏考虑对微观主体行为的影响。事实上，一些逐步推进的增支或者减税计划实施过程中的效果反馈，将极大地有助于提升政策绩效并削减后续开支。当然，在判断微观主体行为时，有一些基础性的关键问题有待解答。第一，为什么说居民间收入分配差距扩大影响到了消费。理论上，市场经济中的收入分配差距是经济运行的自然结果。适当的收入差距有利于竞争环境的形成和不同消费结构的形成。但收入分配差距过大会令全社会边际消费倾向产生微妙的变化。归纳起来，这种变化表现为边际消费倾向减弱，消费升级趋缓。第二，怎样利用财政政策改善收入分配。要对症施策就要找到收入分配差距过大的形成原因。一般认为，基于国民经济收入循环的众多收入理论，能够在不同侧面解释收入分配问题。但是今天的开放经济环境决定了收入与消费之间受到更多因素的影响。内需和外需的关系、投资与消费的关系，都很可能造成收入分配不均。第三，居民间收入分配差距扩大的原因何在。扩大内需的关键是扩大居民消费，增加可支配收入则是扩大消费的重要前提。增加收入可以是做大"蛋糕"，利益共享。但在经济增速放缓的大格局下，分好"蛋糕"显得更为紧迫，也更加复杂。找准居民收入分配差距扩大的成因，才能利用财税工具有效施政。换言之，到底是行业原因、地域差异，还是劳动与资本回报率不一致，导致了收入分配差距？不同的原因理应找到对应不同的作用机制。

四　调节供需失衡的财税政策定位

中国经济供需失衡问题，在不同时期表现出不同的形态。如果将1978年以后改革开放作为盘算起点，那么最初15年，市场上更多地表现为供给不足，需求旺盛。最近20年，中国市场迅速从卖方市场转入买方市场。消费品领域难觅短缺踪迹。中国在消除供给短缺和消除产能过剩之间切换如此之快，使得我们的政策特别是财税政策，有些应接不暇。内需不足、扩大内需、供给过剩，如此循环使得供需失衡成了常态，而相对平衡成了非常态。事实上，由于经济快速增长，供需两端的问题往往暴露得更快一些，也更突出一些。理论上，财税政策作为调节经济的主要手段，在扩张和收缩之间，逆周期而行，使经济发展尽可能平稳。但现实中，这种供需失衡与财税政策之间的关系，并不是那么匹配，两个问题需要注意。第一，中国财税政策逆周期调节的初衷往往变为了事实上的顺周期调节。有大量的实证表明，我们试图在构建起一套经济下行时的增支和减税的措施，托底经济运行；还试图构建起一套经济过热时的减支和增税的办法，降低经济热度。但是这些努力，现在看来并不太成功。无论是整个税制结构的原因还是分级财政支出体系的缘故，过往的调控经验是，经济高速发展时候的降温效果不明显，经济增速减缓时期的加热效果不突出。于是，引出了第二个问题——供需失衡的反复循环与财税政策的干预存在显著关联①（吕冰洋，2011）。长期来看，中国经济的内需不足与产能过剩，直观上是经济周期的结果，但深层次上很可能是财税政策工具的不当干预。这种不当干预有可能是在经济本可以自己恢复情况下匆忙介入的，还有可能是现行财税制度体系，内在强化了供需失衡。我们认为关于税负总量与税负结构、支出总量与支出结构问题的分析，可以在一定程度上帮助厘清其中的缘由。

第二节　扩大内需的财税政策作用
机制：理论解释

一　财政乘数理论：供给侧与需求端的不同理解

经典的扩大内需源自凯恩斯主义的需求端改革，但供给侧改革一直在关键时点和关键环节发挥作用。财政乘数便是扩大内需的一个指标性依据。对财政乘数的理解，大致可以划分为两个阶段，每个阶段的进展都对思考中国财税政策具有不同的积极意

①　吕冰洋：《财政扩张与供需失衡：孰为因？孰为果？》，《经济研究》2011年第3期，第18—31页。

义。第一，传统的财政乘数认为，增支有助于扩大总需求。当市场中的经济人吝啬消费和谨慎投资的时候，政府该站出来，维持经济活力，推动 IS - LM 曲线向上移动至少是保持在可接受的水平。财政乘数是否大于 1 被作为检验财政政策是否有效的简单易行标准。这是中国前两次面临经济压力后制定调控政策时的主要经济学依据。后来 Auerbach 和 Kotlikoff（1987）研究发现，由于价格波动的短期特征以及价格长期形成机制的复杂性，因而扩大需求依靠的财政乘数有必要去关注财政活动挤出的真实需求①。为了进一步了解财政乘数背后的机理，更具体的研究开始陆续出现。第二，新凯恩斯主义学派和新古典综合学派事实上都在为财政乘数扩大内需做着注释。新凯恩斯主义学派强调财政乘数的动态特征。研究者们②（Galí、López-Salido、Vallés，2007；Monacelli、Perotti，2008）采用了新凯恩斯主义模型的标准方法从财政支出对微观经济代理人的行为影响入手，测算财政乘数。他们（Aiyagari、Christiano、Eichenbaum，1992；Baxter、King，1993；Ramey、Shapiro，1998；Burnside、Eichenbaum、Fisher，2004）还从经济周期的角度③，测算有财政政策工具和没有财政政策工具下，经济总产出的变化情况。大致的结论是，财政乘数是一个多方影响的结果，纵向经济周期的影响不可忽视，横向经济部门

① Auerbach A. J. , Kotlikoff L. J. Evaluating Fiscal Policy with a Dynamic Simulation Model [J]. *American Economic Review*, 1987, 77（77）: 49 – 55.

② Galí J. , López-Salido J. D. , Vallés J. Understanding the Effects of Government Spending on Consumption [J]. *Journal of the European Economic Association*, 2007, 5（1）: 227 – 270. Monacelli T. , Perotti R. Fiscal Policy, Wealth Effects and Markups [J]. *Cepr Discussion Papers*, 2008.

③ Aiyagari S. R. , Christiano L. J. , Eichenbaum M. The Output, Employment, and Interest Rate Effects of Government Consumption [J]. *Journal of Monetary Economics*, 1992, 30（1）: 73 – 86. Baxter M, King R. G. Fiscal Policy in General Equilibrium [J]. *American Economic Review*, 1993, 83（3）: 315 – 334. Ramey V. A. , Shapiro M. D. Displaced Capital [J]. *University of California at San Diego Economics Working Paper*, 1998, 109. Burnside C. , Eichenbaum M, Fisher J D M. Fiscal Shocks and Their Consequences [J]. *Journal of Economic Theory*, 2004, 115（1）: 89 – 117.

的变化也要考虑。此外，利率弹性[1]（Woodford，2010；Martin、Rebelo，2011）和工资弹性[2]（Davis、Faberman、Haltiwanger，2010）也是需要密切关注的内容。前者决定了资本供给，后者决定了劳动力供给。新古典综合学派的关注范围要更广泛一些。他们大致处在给财政乘数找"毛病"的角色，也更多强调时下流行的供给侧改革。Lucas（1975）和Sargent、Wallace（1975）几乎同时发现[3]，直接作用于总需求的政策完全有可能被行为人预先察觉。这种预见会改变他们的行为方式，调控政策会大打折扣甚至根本不起作用。长期来看，要么调控政策不被预先察觉，要么供给侧发力，才能带来预期效果。

二　收入分配结构理论：基于国民经济收入循环的分析

2014年，托马斯·皮凯蒂撰写的《21世纪资本论》风靡全球，收入分配问题作为其核心内容，再次引发世界各国的高度关注。他和Emmanuel Saez在加州大学伯克利分校（UC Berkeley）共同发起并主持的收入不平等研究中心，每年接待来自世界各国的研究同行。这足以说明2009年全球金融危机之后，收入分配问题研究的重要性。其实，早在古典福利经济学诞生之初，收入分配均等程度已被当作实现社会福利最大化的充分条件。但后来阿罗不可能定理的发现以及一些政治上的分歧，导致收入分配问题的研究牵扯太多，反而影响进展。比较有影响的几个学说，大体呈现的是基于国民收入循环的收入分配

---

[1] Woodford, Michael. Simple Analytics of the Government Expenditure Multiplier [J]. *American Economic Journal Macroeconomics*, 2010, 3 (1): 1 – 35. Martin E. J, Rebelo S. When is the Government Spending Multiplier Large [J]. *Journal of Political Economy*, 2011, 119 (1): 78 – 121.

[2] Davis S. J. , Faberman R. J. , Haltiwanger J. C. The Establishment-Level Behavior of Vacancies and Hiring [J]. Quarterly Journal of Economics, 2010, 128 (2): 581 – 622.

[3] Lucas R. E. An Equilibrium Model of the Business Cycle [J]. *Journal of Political Economy*, 1975, 83 (6): 1113 – 1144. Sargent T J, Wallace N. Rational Expectations, the Optimal Money Supply Instrument and the Optimal Money Supply Rule [J]. *Journal of Political Economy*, 1975, 83 (2): 241 – 254.

结构问题分析。凯恩斯主义强调做大"蛋糕"的重要性——可支配收入不足导致需求不足。但经济下行时期，增长乏力只能靠调节收入分配扩大有效需求。这是市场机制做不到的，有赖于政府干预[①]。新剑桥学派在收入分配理论上的贡献，在于其发现资本有先天占据增量财富的优势。如果把经济增长简单划分为现实中的利润（资本所得）和工资（劳动所得），那么很容易发现经典市场经济中的资本优势，诱发了分配不均。这也是一切资源错配和市场失序的根源[②]。福利经济学大致认为，实现收入分配的均等化，有利于提高货币的边际使用效用，扩大社会总需求。这种总需求的扩大是社会总效用函数扩大的基础，以此实现福利优化直至最优。上述这些论断建立在市场经济基本规则之上，与计划经济的逻辑起点并不一致。当然，最为著名，也是对今天的收入分配研究影响最大的是西蒙·库兹涅茨提出的倒U形曲线。库兹涅茨认为，观测现实中的收入分配规律是探讨收入分配理论的重要基础。其研究运用长时期的收入分配及经济增长数据，模拟出了数十个国家的收入分配演化轨迹。他发现大多数国家的收入分配状况呈现出先恶化再改善的情况。这是不是就说明，收入分配是阶段性问题而非本质性缺陷呢？后来的很多学者针对库兹涅茨的倒U形曲线发表了自己的意见：有观点认为，收入分配的倒U形曲线不是任何国家都可以跨越的，如果经济增长戛然而止，中低收入陷阱马上就会到来。收入分配差距不会自动弥合；还有观点认为，收入分配的倒U形曲线的产生过程受到本国政府和外部经济的影响，并不一定是收入分配自发形成的结果。

三　居民消费微观理论：收入假说与边际消费倾向

扩大内需的关键在扩大居民消费，而决定居民消费的内在因素

①　Keynes J. M. The General Theory of Employment, Interest, and Money [J]. *Foreign Affairs*, 1936, 51（6）：28 – 36.

②　Chrystal K. A. The "New Cambridge" Aggregate Expenditure Function: the Emperor's Old Clothes? [J]. *Journal of Monetary Economics*, 1981, 7（3）：395 – 402.

和作用机理有必要更深入发掘。主流研究认为，收入与消费之间存在高度关联。其中，收入假说和边际消费倾向是两大核心问题。凯恩斯的"绝对收入假说"将收入与消费的当期对应关系进行了系统的探讨。他认为增加收入是增加消费的前提。而更为重要的是，凯恩斯贡献了边际消费倾向递减这个概念①（Hansen，1949）。他发现，虽然美国 GDP 水平在 1869—1938 年间，从 93 亿美元升至 720 美元，同期的人均 GDP 也增长了 7 倍多，但居民消费水平始终与收入维持在 0.84—0.89 之间。可以确定的是，新增收入没有带来扩大消费。Duesenberry 沿着凯恩斯的思路提出了"相对收入假说"以补充说明收入与消费的关系②，也对边际消费倾向递减提出了一些挑战。他的观察发现，促成人们消费决策的影响是复杂的。消费活动存在"由俭入奢易、由奢入俭难"的"齿轮效应"和"示范效应"。既有的消费习惯会导致收入下降过程中消费水平不降低，此为"齿轮效应"。既有的消费偏好还会受到周边人群的消费影响，自己收入变动不完全决定消费决策，此为"示范效应"。事实上，时间的因素开始进入到收入与消费的研究视野。标志性的研究要数 Modigliani 提出的基于家庭财务视角的"生命周期假说"③。他将收入与消费放置在整个家庭和个人的生命周期之中，认为人们的理性决策不仅考虑当期还考虑未来。收入大多在青年时候创造，而消费更多在年老之后发生。因此，边际消费倾向是变动的。他还指出高收入阶层的财富占有量远高于其消费水平，遗赠给后代成为必然。这会拉低社会边际消费倾向，进而影响总需求。从这个角度看，遗产税是一项扩大社会总需求函数的财税工具。弗里德曼提出的"持续收入假说"把收入的可持续性看得很重。他认为只有持续

---

① Hansen A. H. Monetary Theory and Fiscal Policy [J]. *Economics Handbook*, 1949.

② Duesenberry J. S. Income, Saving and the Theory of Consumer Behavior [J]. *Review of Economics & Statistics*, 1949, 33 (3).

③ Modigliani F. The Role of Intergenerational Transfers and Life Cycle Saving in the Accumulation of Wealth [J]. *Journal of Economic Perspectives*, 1988, 2 (2): 15-40.

收入才能带来稳定的消费。收入持续增加带来扩大内需。他不赞成短期的扩张性政策，因为收入波动下的人民对待短期增收，很可能是选择储蓄而非消费。霍尔（Hall，1978）对"持续收入假说"和"生命周期假说"进行的检验发现，人们倾向于对收入和消费进行不断的调整。这种调整往往基于对未来收入信息的搜集和理解。这些信息是随机产生的，他的假说也被命名为"随机游走假说"①。在中国问题研究中应用最广泛的，要数"预防性收入假说"和"流动性约束假说"。Leland（1968）猜测未来的不确定，导致人们更多选择储蓄而非消费。这在大多数东亚国家的成长阶段得以验证②。然而，2015 年诺贝尔经济学奖得主——Deaton③（1989）与其合作者 Campbell 发现"预防性收入假说"解释力有限。特别是不能说明以美国为代表的各国现象。美国在发达国家中社会保障水平偏低，但人们消费率相对较高，且占有财产却很少。这与经典理论相悖。Zeldes（1989）回答了上述问题。他认为人们消费率降低很大程度源自短期可支配收入不足（两个月为限）。理性的做法是去获得消费信贷、熨平消费。现实中，人们获取消费贷款的诉求并非一定能实现或者完全满足消费所需，此称之为"流动性约束"④。可以理解为，收入波动带来的消费波动。

四　政府收入与公共支出理论：总量扩大与供需平衡的兼顾

重拾财税政策工具的世界各国，开始强化对政府收入与公共支出对经济增长的影响。不同的是，这一轮刺激大家开始关注供需平

①　Hall R. E. Stochastic Implications of Life Cycle-Permanent Income Hypothesis: Theory and Evidence [J]. *Journal of Political Economy*, 1978, 86 (6): 971 – 987.

②　Leland H. E. Saving and Uncertainty: the Pecautionary Demand for Saving [J]. *Quarterly Journal of Economics*, 1968, 82 (3): 127, 129 – 139.

③　Campbell J., Deaton A. Why is Consumption So Smooth? [J]. *Review of Economic Studies*, 1989, 56 (3): 357 – 373.

④　Zeldes S. P. Optimal Consumption with Stochastic Income: Deviations from Certainty Equivalence [J]. *Quarterly Journal of Economics*, 1989, 104 (2): 275 – 298.

衡的问题。事实上，20 世纪 70 年代以后，大多数国家开始把货币政策作为宏观调控的工具。一方面，货币政策的精确性在一些时候确实高于财税政策；另一方面，财政收入增速趋缓和支出刚性增强，制约了财税政策能力的发挥。但 2009 年以后，以美国为代表的各国，将纾解财政困难并发挥财税政策作用，提到了一个比较高的位置。与以往财税政策刺激经济的粗放相比，眼下的政策着眼于稳定经济增长，且更注重实现供需平衡。一些经典性的最新研究，佐证了上述的判断。Mian 和 Sufi（2010）认为总需求低迷是启动财政刺激的主要原因。从 2009 年开始，美国由于房贷破产引起的消费下降，受到了财政补贴政策的兜底。补贴汽车消费、以旧换新以及购房补贴等财税政策，起到了扩张消费的作用①。从经验来看，这种重点领域的消费刺激计划，对国民经济支柱产业和主要消费品的补贴，较之政府直接消费，有更好的微观刺激效果。增加就业与可支配收入也是学者们关心的问题，Seim 和 Waldfogel（2010）观测了 2007—2009 年全球财政刺激计划的效果，从大多数国家的经验来看，解决经济衰退导致的失业，进而提升劳动者的可支配收入水平，是走出危机国家的主要成功之处②。扩大就业的一个很重要的内容就是通过财政支出鼓励中小经营企业与个体经营者的发展，消除垄断的影响，此举对提升经济福利产出、避免财政支出损失有很大的作用。全球范围内，财税政策在扩大总需求和实现供需平衡的成效上也比较显著。Bianchi、Javier 和 Mendoza（2010）运用经济周期与借贷模型相结合，系统考察了财政干预政策影响经济福利的全局问题；研究肯定了财政扩张的效应，也重视了债务危机对宏观经济的威胁；主张政府在动用财政杠杆撬动经济时"量入为

---

① Mian A. , Sufi A. The Great Recession: Lessons from Microeconomic Data [J]. *American Economic Review*, 2010, 100 (2): 51 – 56.

② Seim K. , Waldfogel J. Public Monopoly and Economic Efficiency: Evidence from the Pennsylvania Liquor Control Board's Entry Decisions [J]. *American Economic Review*, 2010, 103 (2): 831 – 862.

出"，避免经济风险与财政风险之间的转换①。Bénétrix 和 Lane（2010）对 2007—2009 年全球范围内的财政状况与经济状况进行了分析。通过对各国财税政策变化的分析，研究发现经济状况与财政状况在这段时间有密切的关系。失业、信用破产加速了财政的恶化。恢复财政平衡与恢复经济的关键，在于重新重视就业、个人与企业的资产管理，在微观上刺激经济比宏观上的随意投资更有效。他们建议所有的政策都要以微观领域为基础，而改善民众与企业的收入成效是关键②。Coenen、Erceg 和 Freedman 等（2012）采用 DSGE（Dynamic Stochastic General Equilibrium）的结构化模拟了开放经济条件下，2007—2009 年美国经济的变化。通过 7 个结构模型的分析，来研究财税政策的作用机理以及对国内外的影响，并进行了模拟，整个研究的系统性值得称道。近些年的很多研究也都发现，国际间财税政策对扩大内需、刺激经济影响显著③。

第三节 一并化解周期性和结构性问题：探索性的机制设计

一 尽力扩大财政乘数在稳增长、调结构中的杠杆作用

分离制约中国经济从中高速迈向中高端过程中的周期性因素和结构性因素，是当前政策研究领域的热点。运用财税政策中熨平经济周期的工具，降低经济波动的影响。运用财政政策中引导结构转型的工具，促进生产和消费全面升级。具体建议如下：首先，全面剖析中国经济面临的周期影响因素来源，对国内经济周期和世界经济周期的影响分类处置。1998 年和 2008 年两轮积极财政政策的经

---

① Bianchi, Javier and Mendoza, Enrique G., Overborrowing, Financial Crises and "Macro-Prudential" Taxes (June 2010). *NBER Working Paper*, No. w16091.

② Bénétrix A. S., Lane P R. International Differences in Fiscal Policy During the Global Crisis [J]. *Fiscal Studies*, 2010, 36 (1): 1 – 27.

③ Coenen G., Erceg C. J., Freedman C, et al. Effects of Fiscal Stimulus in Structural [J]. *American Economic Journal Macroeconomics*, 2012, volume 4 (1): 22 – 68 (47).

验值得总结，但教训也有待吸取。简单采用扩大总需求或者总供给，都不是眼下的最佳选择。促进有效投资和消费的形成，必须要对中国财政乘数的带动效应进行有效估计。只有乘数效应大于1的政策预期，才有推进实施的必要。如有可能，还应区分地方财政乘数和中央财政乘数的不同效应。其次，中国结构性改革的长期性，决定了财税政策调节的任务繁重。将结构性改革中的供给侧改革和需求端改革进行适当分离，有助于财税政策工具的精准介入。政策稳定性同样重要，改革要为经济微观主体树立稳定的政策预期。避免经济波动和政策变动的不确定，形成多重冲击。结构性改革需要撬动的杠杆，财税政策不能缺位，也不能越位。扩大政府购买公共服务和PPP项目推进是供给侧的新抓手，而推进社会福利改进与真正发挥市场在资源配置中的决定性作用更有必要长期坚持。最后，发挥财税政策作用，不能忽视收支形势转变，要注意防控财政风险。过去5年，中国财政收入下行速度比经济增速还快，而财政支出刚性却日益强化。财政风险防控的第一步是赤字，进一步是债务。中央财政将预算赤字锚定在3%—5%区间有助于帮助地方化解收支失衡风险。各方面关注的地方债，不仅限于地方政府债务评级工作，基于政府资产负债表的地方财政借贷极限测算，需要加快进行。严格遵守事权与支出责任相匹配的原则，确保新一轮积极财政政策不成为压垮地方财政的最后"一根稻草"。

二　全面构筑调节国民收入分配格局的宏观调控新思路

收入分配改革已步入调节国民收入分配格局的新阶段。这一时期，工作重点应集中在政府部门与居民部门之间收入分配的调整。居民间收入分配和政府、企业间收入分配问题亦需要重视。传统上，我们的宏观调控集中在经济领域，而国民收入分配格局是改革的另一个层面。新常态背景下，调整国民收入分配格局既是宏观调控的目标之一，也是实现扩大内需等其他调控目标的前提。为此，基于调节国民收入分配格局的宏观调控亟须新思路。第一，让利于民的宏观调控思路，将改变目前政府部门分配比重持续扩大的趋势。新《预算法》的颁布与实施，为约束政府总收支规模奠定了基础。收入总量控制有利于国民收入分配格局在初次分配阶段向居民部门倾斜。支出总量控制有利于在各级政府部门不透支未来社会财富。继续全力推进全口径预算管理体制的形成，将所有政府部门收支纳入可管控、可核查范围，也为更精细化的政府财务管理体系建立奠定基础。第二，财税政策搭配更加科学，选择直接调控还是间接调控，既要考虑成本绩效，还要关注政策中性与可持续性。充分认识当前收入分配格局的历史成因。重新评估运用财税政策进行宏观调控的具体沟通成本、执行效率与完成绩效。避免大多数国家在宏观调控过程中的不足，尽可能发挥有限财政资金的功效。结合调整国民收入分配格局的目标，细致分析梳理减税和增支的关键领域、实施进度和规模强度。注意保持政策中性、发挥市场力量，不以牺牲财政可持续性换取短期经济高涨。第三，把握居民收入分配的倒 U 形曲线规律，实施"价税财"联动的综合调控模式。扩大内需是消费升级的前提。居民增收更是扩大内需的前奏。增收是否能真正转化为福利增进需要"组合拳"。维持物价总水平温和上涨，特别是进入老龄化社会后公共服务价格应尽快纳入 CPI 统计范围。为了经济复苏，货币政策不能太紧。主要货币之间的横向价格比较需要考虑。美元升值决定了世界主要货币不可能长期坚挺。宽货币有利于财政增收，降低资金成本，化解地方债务风险。但需要注意，宽货币可能导致的资产价格缩水和收入分配差距扩大。财政直接补贴可以更多尝试，也要注意纠错。

三　准确把握促进居民增收与消费升级的财税政策作用机制

　　财税政策促进居民增收和消费升级的最主要办法是减税、民生支出和转移支付。目前看，这三类政策实施渠道并不通畅，效果亦有待检验。结合收入假说与边际消费倾向理论研究的问题，我们亟须将具有普遍意义的财税政策作用机制转化为易于执行、成效显著的政策部署。第一，全面构建面向全体居民的政策实施通道，解决转移支付到人和民生支出到户的"最后一公里"困难。调节收入分配差距是扩大内需的前提。初次分配的不平等需要再分配来调节。具体到个人和家庭的福利计划，我们已经有了城居保和新农合等成功经验。但这些都是福利项目推进的结果。相对于成熟国家建成民生支出渠道，我们的执行管道还比较狭窄，也不太稳定。为此，基于居民身份信息的社会保障号（Social Security Number）制度要尽早实现覆盖，才可能有更多的良政被输送到需要的地方。第二，扩大民生支出的财税政策要注意评估政策绩效，及时调整使用范围和政策力度，做到精准覆盖、财尽其用。民生支出与居民消费的替代关系需要进一步明确。在老龄化和劳动力成本上升的情况下，公共服务价格会长期上升。财政收入中低收入会成为常态，民生领域的支出和转移支付会有更大约束。有必要建立常态化的财税政策绩效评价机制。引入第三方评估，注意政策的成本与收益，也要重视公共服务满意度。减税要有面向个人或家庭的政策。赡养抚养费用，可以建立个人所得税费用扣除机制解决。对于家庭消费升级，予以需求端的税收返还鼓励。减少直接对厂商补贴，避免再次形成对落后产能的保护（当年的"家电下乡"等）。第三，研究中国收入分配倒 U 形结构的精确形态，找准收入分配差距的成因，确定现有财税政策的侧重点。中国收入分配的倒 U 形结构处于什么阶段，各方面争议比较大。不同的阶段，财税政策的发力点区别较大。如果我们已经处于 U 形底部，防止收入分配差距进一步拉大，扩大转移支付是优选举措（比如近期削减绝对贫困的攻坚行动）。此外，进一步完善市场机制破除行业、区域垄断，已被证明可以极大改善收入分配差距。这有助于减少财政压力和政策干预，一举两得。

四　精细化运用财政收支工具扩大总需求和实现供需平衡

无论是否采取刺激计划，要改善财税收支活动的运行效率，都应力求精确化政策的每一步。放置于扩大总需求和实现供需平衡的总目标下，精细化运行的财税政策更显得重要而紧迫。2009 年实施财政刺激计划的国家，都在不同程度地探索如何实现既稳定增长又实现供需平衡。很多情况下，结构转型的工作被放置在市场一端。针对这样的最新经验，我们的下一步行动可以有所借鉴。首先，找出供需失衡是否存在财政政策的诱导。肯定积极财政政策作用，不忽视过往的反周期调节政策的缺陷。最近一次刺激计划是 2009 年，造成的产能过剩和资产泡沫成为当前的难题。从调研的情况看，当年在财政和金融两方面的扩张，房地产及相关行业受益颇丰。一旦给过去的经济引擎马上断电风险太大。这才有了房地产去库存的做法。但如果新的政策不能疏导过剩或者更换引擎，也是不妥当的。为此，利用财税政策稳定经济更加谨慎。其次，中国供需失衡的循环，期待财税政策重塑中性特征。经济快速上升期的各国，几乎没有任何一个国家保持财税政策中性。给经济增温是财政的一大工作重点。步入中低增长阶段，几乎没有任何一个国家还在大力使用刺激政策。主要原因是野蛮生长过后更需要财税政策的中性，进而巩固经济发展成果，修补快速发展中的缺陷。这些经验值得汲取。最后，现行财税制度的顺周期特征亟须通过本轮改革扭转。财税政策的逆周期调节效果取决于其制度起点是否合适。我们的财政计划往往是经济下行时全力增收，保证支出，而经济增长时，支出需求不大，收入任务比较轻。这一方面造成了经济下滑期财政增收对社会生产的进一步挤压（甚至部分地方实行欺瞒式的财政空转）；另一方面也造成了经济高涨时财政未能给经济降温（企业利润快速上升，加速生产形成过剩）。财税制度的顺周期特征是否能够引起重视并妥善解决关乎供需平衡是否形成，进而关乎平稳增长的经济形态是否稳定形成。

第 三 章

着眼于供给与需求两端
发力的财税政策

结构性改革大背景下的财税政策走向，正引发各方高度关注和期待。作为稳增长、调结构的主要抓手，财税政策完全有可能在供给与需求两端，实现同时发力。不同于此前两次的财政扩张，大国转型中的财税政策，面临财政收入增幅下滑、支出刚性扩大、赤字与债务风险增加、改革具体项目起步困难等制约因素；也存在财政获取收入能力较强、支出管控体系相对完备、财政有一定防范风险能力、正在全力开发 PPP 项目和政府购买公共服务等有利条件。本研究认为，应着眼适应经济发展新常态和建立现代财政制度的部署：协调好财政收入稳定和减税之间的分歧；运用支出体系做好总量控制和效率提升；更加灵活使用财政赤字并动态防控债务风险；重点项目管理要尽快驶入法制化轨道。

第一节　什么是供给与需求两端
发力的财税政策

一　供给侧改革下的财税政策指向

中共十八届五中全会以后，作为稳增长、调结构的最主要策略，供给侧改革引发各方高度关注。经典意义上的供给侧改革，主要是减税和放松管制。中国的供给侧改革较之曾经实施过供给侧改革的国家丰富许多。具体到当下，供给侧改革下的财税政策则是一整套系统性、立体化的调控部署。这意味着，财税政策应该起到以下作用：首先，尽可能维持中国经济的中高速增长，即维持潜在生产率和全要素生产率在合适的水平；其次，有利于化解产能过剩促进中国经济从中高速迈向中高端，即优化资源配置，实现转型升级；最后，配套各方面的全方位改革，即释放全方位改革中的各种风险，特别是以地方政府债务为代表的财政风险。

二　供给与需求两端发力的财税政策

任何的改革都具有演进特征。1998 年和 2008 年两次积极的财政政策，是在需求端推动了当时改革的进程。时下，供给侧改革延续了刺激经济的目标，但更提出了维持中国经济在中高水平长期增长的"两个一百年"奋斗目标。可以说，供给侧改革下的财税政策，离不开供给与需求两端同时发力。这里面主要有三个方面内容：第一，提升财税政策熨平经济周期的效率，供给侧管理和需求端管理缺一不可；第二，改善要素供给成本和提升要素配置效率，需要政府引导和市场机制彼此配合；第三，改善收入分配、支持创业创新和促进新型城镇化等关键环节，政府实施的普惠式扶持大多要靠财税政策实施，比如福利制度改善、政府购买公共服务以及 PPP 项目推广。

第二节　供给与需求两端发力的作用机制

一　供给侧结构性改革下的理论与实践

事实上，大量的经济学理论和政策实践，已经证实了供给侧管理的适用范围及有效特征。理想中的供给侧管理，来自经典的供给学派理论。萨伊定律认为市场是有效的——供给自然创造需求。其要求货币价值稳定和不涉及货币储蓄的假定，制约了其解释范围。但利用市场机制的精神实质至今被大多数学派所认同[1]（Knowles，

---

① Knowles M. Laffer Curve Revisited [J]. *Yale Economic Review*, 2010. Trabandt M., Uhlig H. The Laffer Curve Revisited [J]. *Journal of Monetary Economics*, 2011, 58 (4): 305–327.

2010；Trabandt、Uhlig，2011）。真正的供给侧改革源自英、美两国20世纪七八十年代的政策实践。按照刘霞辉（2013）的总结，旨在提升供给侧效率的两国改革各有侧重：美国是围绕减税展开，辅之以消除市场垄断和放松管制，其核心是提高供给要素效率；英国是围绕减少市场管制，辅之以降低国企比重、减少社会保障支出并完善市场，其核心是降低供给要素成本。那一时期的美国供给改革，被后来所推崇。虽然有资料发现，里根政府以拉弗曲线①（Laffer Curves）为理论依据的政策，造成了政府债务攀升。但如若把眼光放长，随后10多年（到克林顿执政时期最为明显），美国经济成功转型新经济与重回年均2%增长的历史轨道，均不是偶然。英国转型同样比较成功。目前的情况是，英国在西欧各国中比较好地避免了福利陷阱。他们在资产价格高峰期套现国有资产的做法，不仅盘活了政府资源，减轻了财政压力，与民众分享了经济成果，而且促进了资本市场繁荣，巩固了世界金融中心之一的地位。这为后来的利用社会资本甚至外资②参与公共事业奠定了基础。

二　供给与需求两端发力的理论与实践

研究还证实，供给与需求两端发力有利于延续经济改革的一贯性——降低改革成本，提升转型效率。事实上，近期的研究发现经济长期增长与波动之间有一些新的变化。二战以后，各国长期信奉的凯恩斯主义，宏观调控的效力随时间急剧衰减，成本却不断上升。Chari和Kehoe（2007）认为长期通过需求端刺激的经济增长具有典型的顺周期特征。因此，找准经济转型的基点很重要。他们利用商业周期核算方法③发现，对20世纪80年代初期的经济衰退

① 除了亚瑟·拉弗本人，路德·万尼斯基作为供给经济学派的代表（主业是一名记者），亦有重大贡献（http://en.wikipedia.org/wiki/Jude_Wanniski）。
② 以中英近期签署的核电项目为代表。中国政府网：《中法企业就合建英国大型核电站达成战略投资协议》（http://www.gov.cn/xinwen/2015-10/22/content_2951611.html）。
③ Business Cycle Accounting（BCA）methodology developed by Chari et al.（2007）.

和商业周期要有所甄别：应对经济衰退的改革要以减小生产效率和劳动产出的波动为主，投资拉动几乎无用；而应对商业周期的改革则应以提升生产效率为主，针对劳动和投资的刺激作用不大。[1] 进一步，Cho 和 Doblas-Madrid（2013）的研究对准了 2009 年全球金融危机以后的亚洲国家。他们发现影响经济增长的原因来自劳动和投资两个部分。劳动创新十分重要。金融市场对商品和服务的定价也不可忽视。特别是扭曲金融市场，造成了信贷迟滞和银行破产风险。[2] 这与我国部分企业面对的融资难、融资贵极其类似。这本质上源自市场机制受阻导致的资本价格扭曲。更广泛地看，不当的财税政策和产业政策很可能挤出了市场中的有效投资、就业与消费。因此，供给与需求两端发力要"不缺位，防越位"。

第三节　有利条件分析

一　中国财政拥有较强的获取收入能力

财政收入能力是国家能力的主要体现[3]（王绍光，1997）。我国财政收入能力主要体现在税收收入占财政收入，以及财政收入占GDP 比重逐年稳步提高[4]。无数的历史经验表明，供给与需求两端发力，稳定财力是支柱。减税力度和扩大内需的强度，取决于财政的家底。图 3 - 1 展示了 2009 年以后，中国税收收入占公共财政收入比重、公共财政收入占 GDP 比重的变化趋势。两条曲线背后是

---

① Chari V. V., Kehoe P. J. Business Cycle Accounting [J]. *Econometrica*, 2007, 75 (3): 781 - 836.

② Cho D., Doblas-Madrid A. Business Cycle Accounting East and West: Asian Finance and the Investment Wedge [J]. *Review of Economic Dynamics*, 2013, 16 (4): 724 - 744.

③ 王绍光：《分权的底限》，中国计划出版社 1997 年版。

④ 我国 1994 年分税制改革的主要目标就是提高财政收入占 GDP 比重和中央财政收入占财政收入比重。从图 3 - 1 可以看到，我国税收收入占公共财政收入在 1994 年前后达到峰值，主要是"费改税"的推动。1998 年以后下降的主要原因是土地出让金收入进入公共财政收入统计。2009 年以后，我国公共财政收入占 GDP 比重稳步迈上 20%。1995 年的时候，这一比重仅为 10%。

中国财政汲取能力的体现。首先，中国有比较完备的政府收入体系。中国政府收入体系包含四个主要部分：税收收入、政府性基金收入、社会保障收入和国有资本经营收入。这些收入形式具备稳定的征收渠道。其次，中国具有现代意义上的税收制度体系。这套体系中涵盖了 19 个税种，除了固定资产定向调节税暂缓征收，其余均长期正常运行。再次，中国政府有较强的动员收入能力和经验。改革开放以来，中国政府的财政收入增速并非一直上行。然而在遇到增收困难的情况下[①]，我们都能够在比较短的时间内通过制度变迁或者完善征管，提高政府收入水平。最后，中国分税制财政体制依然存在比较强的激励效应。中国地方政府将 GDP 增长和财政增收作为经济工作的两项重要任务，各级地方政府都有加强经济工作、扩大收入来源的动力。这是持续保证财政收入的关键。

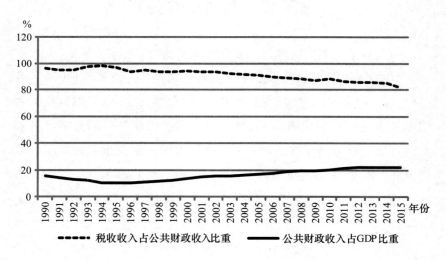

图 3 - 1　税收收入占公共财政收入比重、公共财政收入占 GDP 比重
（1990—2014 年）

---

① 依据财政部的数据，在 20 世纪 90 年代初、1998 年前后、2009 年前后，财政收入都曾出现过增收困难。

二　比较完备的支出体系和管控机制

公共支出体系的完备性成为供给与需求两端发力的重要管道。需求端的投资与消费自不用说。即使是供给端，转移性支出对调节收入分配差距、纾解地方政府债务困境的作用，短期内也难以有其他办法可以替代。事实上，中国已拥有多层次、立体化的公共支出体系。2000 年以后，中国公共财政建设进展迅速。2012 年以后，现代财政制度成为中国财政体系的新目标。无论在哪个阶段，按照功能划分和区域划分的支出体系，涵盖了从一般行政支出到国防支出、从教科文卫支出到社保就业支出等诸多领域。支出范围和支出力度随财力增强而增加。除了直接支出，中央与地方的财政关系，体现在支出领域的税收返还、转移支付和地方上解支出三个方面。表 3 - 1 展示了2008—2014 年这三个指标的情况。规模扩大和支出下移成为最典型的特征。1994 年分税制改革之初那种地方支援中央的情形一去不复返。未来，中央对地方扩大一般性转移支付、减少专项转移支付和增强事权与支出责任的关系，已成为既定方向。支出管控的关键是预算管理。一级政府、一级财政、一级预算是多年来财政体制改革的主要内容。2014 年年底颁布的新《预算法》明确了上述要义，并把预算制定审批时间、透明公示办法等做了详细规定。从支出的决定到支出的执行，再到支出的审核，过程管理与结果管理相结合的做法，有利于财政支出体系的进一步完善。

表 3 - 1　　　　　中央对地方税收返还、转移支付与

地方上解支出（2008—2014）　　　　（亿元）

年份	中央对地方税收返还	中央对地方转移支付	地方上解支出
2008	4282.18	18708.58	—
2009	4886.70	23677.09	-977.22
2010	4993.37	27347.72	-1050.10

续表

年份	中央对地方税收返还	中央对地方转移支付	地方上解支出
2011	5039.88	34881.33	−1184.71
2012	5128.04	40233.64	−1208.66
2013	5056.90	42980.74	−1333.39
2014	5081.55	46509.49	—

数据来源：中华人民共和国财政部。

三　尚有一定的财政空间且重视财政风险防控

将财税政策作为供给与需求两端发力的工具，就要求这套工具有效且耐用。大多数实施供给侧改革的国家，越到后期财政负担越重。如果没有了财政空间，供给与需求两端发力的设想恐怕难以实现。长期以来，中国的名义赤字率和债务负担始终保持在所谓的"国际警戒线"之下。虽然近一段时间，中国地方政府的债务规模和财政赤字，引发了各方面比较大的担忧。但就目前公布的数据来看（见表3－2），存量债务与现有的年度财政收支规模和GDP总量相比较，并没有太大的问题。即使关注到债务期限结构和债务利息成本这些具体微观因素，考虑到人民币结束升值周期和利率下行的大背景，全面爆发危机的可能性也非常小。要知道，过去200年间，先后有50个国家因为债务破产，债务危机问题更是不计其数。防控债务风险是财政风险的核心工作。为此，中央政府在2013年前后三次组织全国政府性债务摸底。2013年至今，各级地方政府把化解融资平台债务和监控既有债务，始终作为工作的重点。考虑到政府债务问题不仅牵涉到财政本身，对金融乃至经济稳定都会有直接影响。中国留有的赤字与负债空间，是对风险保持距离的最好办法，也是稳定各方面预期的良策。当然，供给与需求两端发力，会对财政赤字和负债提出新的要求。

表 3 - 2　　　　　　　政府性债务规模（2009—2014）　　　　　　（亿元）

时间	中央财政债务余额预算数	政府负有偿还责任的债务余额	政府可能承担一定救助责任的债务	政府负有担保责任的债务
2009—2012	62700.00			
2010—2012	71208.35			
2011—2012	77708.35			
2012—2012	82708.35	190658.59	59326.32	27707.00
2006—2013		206988.65	66504.56	29256.49
2012—2013	91208.35			
2012—2014	100708.35			

数据来源：中央财政债务余额预算数来自财政部公布的年度预算；政府负有偿还责任的债务余额、政府可能承担一定救助责任的债务、政府负有担保责任的债务，来自国务院两次政府性债务摸底——审计署公布的《全国政府性债务公报》（2013 年 12 月 30日）。

四　正在全力开发对接供给与需求的具体项目

发挥财税政策作用，关键还是有落地的具体项目。全国范围内政府与社会资本合营①和政府购买公共服务，已成为供给侧改革的两大抓手。这里面涵盖两方面的考虑：第一，政府财力增速下降决定了未来一段时期的工作是提升政府投资效率。运用市场手段和利用市场的先进运营管理经验，有助于改变传统政府投资环节中偏离价值规律和不适应市场运营的行为。第二，持续提升的公共服务需要其他资本进入，用以改善政府债务状况。中国政府公共支出增长的长期趋势没有变化。增加数量和提升质量的双重压力决定了公共基础设施投资迈向了新的阶段。地方政府融资平台改革过后，存量债务化解需要引入银行展期、债务转置和引入新资本等多种办法。不仅供给侧改革已有新的思路，而且需求端的财税政策也有新的动

---

① PPP 项目是主要形式。

向。扩大内需、消费升级和创业创新引领下的结构性改革，都需要有新的思路。这与以往的财政主导下的大规模基础设施建设大为不同。过去两年时间里，大量需求端新政策已经施行，并正在发挥应有的作用：政府采购新能源汽车为代表的创新产品和服务①，多次利用奖励、补贴、减税等政策鼓励创业创新②，推进间接税向直接税转型改革③，为调节收入分配差距搭建渠道。大幅度削减行政审批事项和减免收费，降低社会运行成本，并提高社会运转效率④。

第四节　制约因素分析

一　财政收入增幅连下三个台阶

所有的财税政策作用机制都要建立在一定的财力基础之上。当前中国的情况，就是要建立在稳定的财政增收基础之上。但目前的情况看，财政收入大幅增收的趋势已经放缓。图 3 - 2 展示了 2009—2014 年财政收入月度累计增幅的变化情况。可以看到，2008—2009

---

① 到 2016 年，政府采购新能源车不低于 30%。《公务用车"新能源化"有了时间表》，《人民日报》2014 - 07 - 14。新华网（http：//news. xinhuanet. com/politics/2014 - 07/14/c_ 1111589417. html）。

② 2015 年以来，中国官方已接连出台多项财税政策扶持创业创新，包括设立 400 亿元的新兴产业创业投资引导基金和 600 亿元的国家中小企业发展基金，扩大固定资产加速折旧范围，加大对小微企业的减税力度等。税收优惠、财政奖励和补贴、创投基金等手段，正在形成政策"组合拳"。《李克强再出税收优惠政策激励创业创新》，中国政府网，2015 - 10 - 21（http：//www. gov. cn/zhengce/2015 - 10/21/content_ 2951534. html）。

③ 未来财税体制改革应以推动税制改革为突破口，逐渐降低间接税的比重，建立和完善以居民财产、行为为课税对象的直接税税制。《"五大发展理念"撬动全面小康"短板"》，中国政府网，2016 - 01 - 06（http：//www. gov. cn/zhengce/2016 - 01/09/content_ 5031709. html）。

④ 近年来，简政放权贯穿其施政方针的始终。李克强在 2013 年就职总理时就表示，国务院各部门行政审批事项还有 1700 多项，本届政府下决心要再削减 1/3 以上。这意味着，最迟在 2017 年年初，需要总计减少 560 项国务院各部委的行政审批项目等事项。但实际上，政府"削减"的步子远比预期要快得多，到 2014 年年底，国务院就已累计取消和下放超过 700 多项行政审批事项。《供给侧结构改革：高层"剧透"了什么？》，中国政府网，2015 - 12 - 23（http：//www. gov. cn/zhuanti/2015 - 12/23/content_ 5026992. html）。

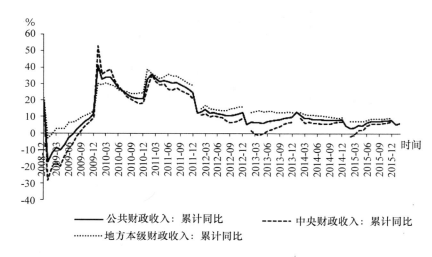

图 3 - 2　财政收入累积同比增速变动趋势（2009—2014 年）

年，财政收入累积同比增速从负 30% 上升到了正 50% 。这是大规模刺激的结果。进一步看，2010—2014 年，中国公共财政收入累积同比增速出现了三次比较大的波动。而且，这种波动是增速不断的下台阶，从 40% 到 30% 、到 20% 、再到 10% 。2015 年的公共财政收入月度累计增速仅为 5.6% 。财政收入增速 2 倍甚至 3 倍于 GDP 增速的阶段已经不在。此外，我们还发现 2010 年开始，地方财政收入累计同比增速高于中央财政。财政收入个位数增长的时代来临，决定了财力井喷式增长阶段的终结。事实上，大多数结构转型国家，财政收入都面临比较大的困难。一方面，原有的贡献财政收入的产业被抑制（去产能过剩）或者萎缩（消费升级）；另一方面，新业态处于成长和发展期，它们贡献税收能力弱，甚至需要更多补贴或者税负减免（小微企业和创业创新）。因此，理论和现实都说明，财政收入增幅下滑不是偶然，而是经济发展的客观规律。产业与消费转型，呼唤新的税源产生。转型速度决定了收入走低的时间和程度。

二　支出刚性较大且效率有待提升

中国财政支出刚性近年来逐步上升。首先，1998 年以后，财政支出再次向公共投资领域倾斜。虽然与计划经济时期直接办企业有所不同，但公共基础设施投入的总量与持续时间，极大地拉升了支出规模。其次，2005 年以后，中国的社会保障制度开始完善。2009 年以后，社保基金预算开始公布。现有的数据显示，社会福利支出增长较快，并可能长期增长。这与人口老龄化有关，也与公共服务质量提升有关。再次，我国现行财政体制依然存在对各级政府增加财政支出的激励。维持经济增长靠投资的理念没有变。依靠土地出让收入融资，再用这笔收入维持地方公共产品供给和其他支出的模式，没有根本性扭转。稳增长环境下，全国 GDP 年均增速不低于 6.5%，地方政府上报的数据至少高出 2—3 个百分点，很大程度上都在靠财政来确保。中国财政支出效率不高很可能会比较大地影响到供给与需求两端发力。第一，财政支出效率受制于条块分割的治理结构。制衡结构本身没有问题，但做事环节的分工协调，不是靠既定机制，而是其他不确定的因素。第二，缺乏科学的支出效率预估算与支出后效果评价。合规性依然是目前财政支出的最重要环节。在此之后，我们依然无法在有限的公共支出中挑选出更有利于社会福利最大化的环节和领域。现有的滚动预算机制影响还会持续一段时间。中期预算和零基预算有助于提升支出效率，但依然有太多阻碍和操作难点。

三　财政赤字和负债风险缺乏系统预测

　　财政赤字和债务是各级财政都担心的事情。对于供给侧结构性改革来讲，却是必须的动作。因为近期的一个情况是，在 2012 年 2 月—2015 年 12 月的 46 个月里，支出累计增速小于收入的只有零散的 3 个月，其余均大幅超支。中国财政的赤字和债务问题要分政府层级来看，也要分时段来理解。前一个领域的讨论比较多，但可靠的测算和稳定的预测不多见；后一个领域的讨论更多集中在金融层面，但与财政相关的内容也十分重要。总的来说，缺乏充分系统的预测，是财政赤字和债务风险管理的突出问题。首先，中国财政赤字和负债规模的理解存在比较大的差异。中国社会科学院和审计署的两套标准，起点不一致，结论自然难以吻合。客观来看，中国财政赤字和负债规模很可能是一个动态框架而非静态指标。这符合国际经验。其次，分税制财政体制改革的不到位，决定了地方政府债务与中央政府偿债责任难以完全割离。同一区域省、市、县各级财政的债务问题，更是极其复杂，有时甚至相互关联。此外，广义的政府债务还涵盖职能部门的债务。如何计入政府债务规模，还没有明确的规则。最后，财政赤字和负债风险存在时间维度的先后，债务期限与经济发展存在优化的空间。传统上，我们认为借新债还旧债的极限是至少要把利息还上，不然就会破产。这是基于经济增长外生条件下的研究结论。事实上，经济增长与政府债务之间的关系在时间序列上并不稳定——债务时而促进增长，时而又抑制增长。这种时间序列上的非线性关系很可能也适用于中国。因此，搞清楚债务风险不仅仅是要令政府借贷不产生"庞氏骗局"那么简单，而是要考虑到动态的非线性因素。

四　对接供给与需求的具体项目起步艰难

对接供给与需求的财税政策，落实到项目层面依然存在难度。供给侧改革的主导，PPP 项目和政府购买公共服务都存在比较突出的问题。第一，很多政府依然把这两类新事物当作"形象工程"。一些原本的公私合营与购买的服务，被重新包装进入新的概念之中。第二，法制化和契约精神不足导致两者推进缓慢。PPP 项目的投资和经营，牵涉到大量的政府与企业的合同关系。如何保证合同有效执行？如何处理违约？都没有太多的先例可循。这造成了很大的不确定风险。很多情况下，只有持续的政府购买公共服务，供给方才会有规模效应，才有利可图。一旦政府换届或者发展理念调整，现有的合作伙伴往往面临经营困难或者重大损失。第三，PPP项目和政府购买公共服务有被曲解的倾向。地方政府主导的公共工程面临资金困难的时候，就会想到 PPP：有的是已经开工甚至建成以后制造一个 PPP 合同。引入的动机被简单理解为化解债务压力。购买公共服务也有类似情况。现有的财力不足制约了公共服务供给。先引入供给方，然后再想办法维持。这与改善运营效率和发挥财政资金的杠杆作用不符。

第五节　拓展财税政策发力空间的建议

一　协调好财政收入稳定和减税之间的分歧

稳定财政收入增长不能靠下达收入任务强推。这不仅会导致地方财政空转的进一步加剧，也很可能导致贡献税收的产能过剩继续蔓延。稳定财政收入要从宏观层面客观分析经济形势；中观层面洞悉产业态势；微观层面了解企业和个人纳税人的基本情况，越是增收压力越是要有细致工作的决心和力度。减税任务仍然要坚持。不能因为收入下滑，放松减税的刺激作用。拉弗曲线告诉我们，减税是做大税基的重要方法。灵活运用财政和金融手段，助力减税实施，也是大有文章。具体建议有三个方面：第一，正视经济周期和结构转型对财政收入的影响。目前看，双重影响叠加下，税收收入增速波动可能是最小的。因为经济对税源影响的传递周期更长。政府性基金收入和国有资本经营收入的影响会比较大，不排除负增长的可能。社会保障预算收入与企业、职工收入挂钩，工资性收入减缓也会影响到社会保障预算增收，但幅度也不会太大。第二，正确理解结构调整下的财政收入减缓，尽可能不再下达高于 GDP 增速的财政增收任务。削减落后产能的减收效应和支持创新转型的减税效应，都会影响到收入，但具体影响的强度需要逐步观测。煤炭和钢铁贡献财政收入的力度大，这和产值有关，也和上下游关联度高有关。目前的减税工作集中于营改增后的增值税税率调整。制造业税率下调和折旧加速抵扣有利于结构转型，但肯定会影响增值税增收。简并现行 3 档增值税税率的研究工作依然有必要继续。第三，与企业和个人相关的税收政策是间接税向直接税转型的重点。企业所得税和个人所得税税率平衡问题与收入分配有关，亦需要尽快启动。个人所得税综合与分类改革，应在简便费用扣除和缩减工资薪金所得税税率上先有突破。这有助于提升个人所得税改革的认可程度，也有助于增加居民可支配收入熨平经济周期影响。企业负担不止税负。从以往的经验看，各种摊派收费都是经济下行时段，企业财务状况恶化的潜在因素。

二　运用支出体系做好总量控制和效率提升

事权与支出责任划分被作为"十三五"时期的重要工作，财政支出体制也会相应调整。以此为契机，财政支出体系的总量控制机制继续建立，这有助于财政收入中低速增长条件下，稳定支出运行。提升财政支出效率也十分紧迫。一些关系到宏观运行和微观机制的财政支出效率改善，亟须有所进展。第一，供给与需求两端发力的财税政策，不能成为推升财政支出规模大幅上升的诱因。大多数国家的经验看，无论是供给侧还是需求端，财税政策调控导致的支出规模攀升都可能超出预期。本次两端发力的中国经济结构性转型，财政支出需要增加有效投资，更需要增进居民福利。为此，管控支出规模的压力会非常大。当然，如何实现财政收入对财政支出的硬约束，大家有不同的观点。目前情况下的理想做法是做好支出预算和总量控制，把约束财政支出的法制化与合规性发挥出来。第二，结合财税体制改革，逐步消除条块分割对财政支出效率的影响。增强中央财政的支出责任，是"十三五"财税改革的一项重要内容。这是改善条块分割、防止财政资金沉淀的办法。长期看，消除条块分割的支出运行体系弊端还要做大量工作。解决这个问题的核心是实施中期预算改革和零基预算管理办法，解决年度预算执行不力和滚动预算只增不减的怪圈问题。当然这些工作很难一蹴而就，只有加强前期制度建设和管理办法，检查督促落实，争取一步一个脚印扎实推进。不再开倒车，不再走弯路。第三，财政支出效率提升还需要在支出绩效评估上下功夫。现有的医疗、教育和卫生支出绩效，各方面十分关心。但可供研究的素材，特别是官方层面的微观数据可得性不高。学界已经有成熟办法帮助判断财政支出效率。这对提高当前改革效率，解决改革成本十分有益。引入科学的研究方法对财政支出效率和支出结构进行分析，可以解决目前改革推进过程中一些不精确和结构化的问题。

三　更加灵活使用财政赤字并动态防控债务风险

理解政府债务是财政赤字累积的结果。财政盈余和财政赤字都是财政运行的正常形态。短期财政赤字增加的现象需要关注，但背后的原因更需要重视。只要收支结构不是结构性的长期倒挂，财政赤字的绝对数额就不是财政风险的直接诱因。政府债务防控不能局限在传统的政府收入现金流量表的范畴，而是要扩充到大资产负债表的领域。借鉴英国做法，供给侧结构性改革要改善要素配置成本，完全可以尝试让渡一些政府资产。既能缓解债务压力，又能平抑宽松货币下的资产价格泡沫。可以启动的工作分三个层面：第一，灵活运用财政赤字，不以3%的所谓警戒线作为硬杠杆。发生财政风险的国家看似是财政赤字率高，实际上却是经济出了问题。欧盟这一古老标准，是为成员国遵守财政协调契约而定，并无确凿科学依据。现阶段的中国结构性转型，需要供给与需求两端发力。政府直接的投资和消费、政府对企业和个人的转移性支出，都要有财力支撑。不让税收政策产生过大的负外部性，还要靠赤字。第二，注重管理财政赤字和管理政府债务的短期特征和长期趋势。赤字产生大多是短期宏观经济冲击和经济政策调整所致。中国的结构性改革从供给侧入手，以扩大内需为目标，很可能类似里根政策的结果——赤字上升。与那个时期美国不同的是，中国仍然处于工业化时期。我们经济转型和城市化都还有比较大的红利。因此，赤字的短期性特征明显。债务管理的长期趋势主要是从整个政府角度而言，特别是地方政府。目前的情况是期限比规模重要。转置地方债的工作要与建立债务综合信息报送渠道一并实施，完善中长期债务监督管理机制。第三，债务管理的动态防控机制包括时间序列上债务风险预警以及资产与负债之间的灵活处置。尽快研究中国中央政府债务规模和地方政府债务规模的负债极限框架。以此为基础，从政府信息便利性的角度，改善商业机构政府信用评级的不足（缺乏细致的微观数据）。政府资产和负债有打通互换的空间。在资产价格合适的时段，政府释放一部分资产，可以缓解财政收支压力，也能配套金融改革和资本定价稳定的其他政策。

四 重点支出领域要尽快驶入法制化管理轨道

政府与社会资本合营（PPP 项目）及政府购买公共服务都是发挥财税政策功效的新工具。利用新工具需要我们认识到其适用性条件及管理模式。这些项目与财政直接相关，但不是财政一家能做好的。这里牵涉到地方实施主体，也牵涉到其他职能部门的配合。为了在将来更好地发挥其作用，将财政投资的有效性尽可能发挥出来，有如下三方面的建议：首先，PPP 项目和政府购买公共服务的初始目标不能被异化。启动阶段，各方面都很关心 PPP 项目的签约率。但这些名义上的签约率与合同执行成果之间还有很大距离。一个重要的问题是，社会资本比较担心政府将财务负担转嫁，以及项目收益不落实。这两个方面应该成为监管重点。其次，基于契约精神和法制手段建立政府与市场的新型合作关系。要获得市场的资本和管理经验支持，就要按市场规则办事。政府是裁判，但也要遵照市场活动的准则。PPP 项目的资金配给不及时和政府购买公共服务欠款等问题已经有端倪。这不是市场规则可以解决的。坚守契约和法制，才能真正实现与市场的良性循环和长期合作。最后，将财税政策支持的项目纳入全口径预算管理体系。这既是执行预算法的最好体现，也是监督检查 PPP 项目和政府购买公共服务的前提。所有的项目都应遵循市场规律、激活市场潜能，才能不扭曲供给侧管理的要义。分类执行 PPP 项目和政府购买公共服务，对于政府债务和国有资本经营收益等与公共财政高度关联的内容，应做到集中监督审计。

第 四 章

如何实现供给侧发力：结构性
改革下的收入政策

结构性改革下的中国政府收入体系和收入政策，面临大幅度调整的压力。如何有机衔接——供给侧改革的减税诉求与经济转型提出的稳增长、调结构，成为检验未来收入政策成功与否的关键。研究发现，当前收入政策调整的四个主要环节包括：推动大国经济持续增长与兼顾宏观调控、维持收入规模稳定与收入政策延续性、同步创新转型和跨越中等收入陷阱、实现对企业与个人的结构性减税。基于主流经济理论及最新数据的分析与判断，本章研究认为，供给侧结构性改革下的收入政策设计：首先是致力于大国政府收入体系的形成与优化；其次是完善稳定收入规模和助力供给侧改革的方式方法；再次是构建有利于创新转型的现代政府收入模式；最后是准确把握减税的外部条件、进度与力度。

第一节　政府收入政策：关键问题及主要环节

供给侧结构性改革与收入政策。不同以往，供给侧结构性改革很可能是一个相对较长的过程。政策推出及效应体现有一个过程。结构调整更是长期的，且与经济体量相关。现实中，取得供给侧改革成功的美国和英国，大都有相似的经历。略有不同的是，中国经济还面临周期性问题和结构性问题相互叠加。这令未来一段时期，中国政府收入政策不是简单的实施减税，而是依据"十三五规划建议"提法①，要建立具有大国财政特征的现代政府收入体系。从这个意义上讲，全面构建供给端发力的、结构性改革下的收入政策，是一项复杂与艰巨的系统性工程。

供给侧结构性改革下的收入政策，要有短期企稳经济运行的能力，还要有助力解决中国中长期发展问题的作用。短期看，世界经济步入下行区间，稳定外需的国际贸易和国际金融政策亟须税收政策配套。可以说，维持中国的国际竞争力并为转型发展赢得时间，任务还比较繁重。长期看，跨越中等收入陷阱、实现经济动能转换、优化要素配置和促进消费升级等一系列战略目标，都离不开政府收入政策的支撑。按照伦敦经济学院伯格洛夫教授（2015）与世界银行一众经济学家正在开展的题为"中等收入国家如何向高收入国家转型"的研究显示：对新兴经济体来说，在向高收入国家的转型过程中，他们发现技术转让、要素流动、管理的改善、通过直接或间接的方式减少腐败、加强中小企业的发展、改进教育质量等，都是经济增长转型中的重要因素。② 具体而言，重要因素下的政府收入政策理应呈现新的特点。

作用机制与行动策略。一些比较重要的主流研究成果，已经证实了结构性改革下的收入政策有助于经济转型。供给侧结构性改革着力改善的要素供给配置效率，有赖于税收政策的推动。税收政策的三大功能：收入分配、资源配置和稳定经济，都有强烈的在供给端发力色彩③（Benssy-Quere、Coeure、Jacquest、Pisani-Ferry，2015）。虽然如何实施供给侧改革，侧重点和先后顺序等问题大家

① 深化财税体制改革，建立健全有利于转变经济发展方式、形成全国统一市场、促进社会公平正义的现代财政制度，建立税种科学、结构优化、法律健全、规范公平、征管高效的税收制度。——《〈中共中央关于制定国民经济和社会发展第十三个五年规划的建议〉辅导读本》。

② 伯格洛夫：《发展中国家经济转型和增长的经验》，《比较》2015 年第 6 期。

③ Benssy-Quere、Coeure、Jacquest、Pisani-Ferry 著：《经济政策：理论与实践》，徐建炜、杨盼盼、徐奇渊译，中国人民大学出版社 2015 年版。

还有一些不同的看法①（李稻葵，2015；刘世锦，2015），但是减税对经济促进产能出清、创业创新及消费升级的作用得到了比较广泛的认可。因为此举有利于削减社会总税负水平，降低经济运行成本②（Feldstein，1986；刘霞辉，2014）。具体到中国政府收入政策制定层面，进一步优化税种和税制结构、实施间接税向直接税转型，为新常态下宏观调控提供更多政策工具③（高培勇，2015），即为主要行动方向。

　　为更好地分析如何构建供给侧结构性改革下的收入政策，打通供给侧改革主要经济学原理和中国现实之间的连接通道，本章将从大国经济增长中的收入政策、维持收入稳定和可持续、实现创新转型和实施有效的减税等四方面，指出关键问题，并探索解决之道。

一　大国经济增长与宏观调控特征

　　供给侧改革关注要素的优化配置。税收的作用十分关键。但如何对劳动和资本征税长期困扰着经济学界和财税学界。几个世纪以来，从亚当·斯密到让·巴蒂斯特·萨伊、到阿尔费雷德·马歇尔、再到约翰·梅纳德·凯恩斯，每个时期的学者都给出了自己的理解。学者们所处的时代和国家政治经济环境，很大程度上左右了对问题的分析判断。21世纪初的中国，GDP水平成功跻身世界第二。过去30年，多数时候的GDP增速位居世界第一。不仅是世界第一人口大国，还是第一大投资目的地国（2015）。上述事实说明，中国发展模式具有比较典型的大国特征。不同于全球价值链分工体系下的中小国家，大国产期发展的制度基础和宏观调控的政策

---

　　①　李稻葵：《"十三五"时期需要什么样的供给侧改革》，《人民政协报》，2015年12月1日。刘世锦：《供给侧改革要着力解决转型中的结构性问题》，《人民政协报》，2015年12月1日。

　　②　Feldstein M. Supply Side Economics: Old Truths and New Claims [J]. *American Economic Review*, 1986, 76（76）: 26 – 30. 刘霞辉：《供给侧的宏观经济管理——中国视角》，《经济学动态》2013年第10期，第47—52页。

　　③　高培勇：《论完善税收制度的新阶段》，《经济研究》2015年第2期，第4—15页。

选择，具有一定的专属性。当前制定的供给侧结构性改革，借鉴了供给学派萨伊的观点，以及 20 世纪 80 年代美国和英国的现实经验。一些可靠的理论和证据可以为我们所用，两个方面的定位，有助于我们加深对政府收入政策调整的理解与把握。

大国经济增长体现出的大国财政特征。大国财政的影响力和波及面不同以往（楼继伟，2015；高培勇，2015）。财政渗透到国家政治、经济和社会的诸多方面（刘尚希，2015）。作为国家治理体系和治理能力现代化的关键环节，现代财政制度要对应一套现代政府收入体系。放置在大国发展转型的背景下，科学性、法制化和规范化等现代政府收入体系的典型特征，显得更加弥足珍贵。从收入环节看，消费、投资和进出口是政府获取收入的三个主要环节。大国经济增长下的政府收入体系，脱离不开对上述三个环节的把控和理解。政府收入政策要从组织收入迈向巩固经济长远发展的制度基础，还有大量的工作有待完成。

大国发展模式下的宏观调控：方式转换、力度增强。经验看，历史上的大国经济转型都经历了比较长的时期和比较艰苦的过程。这不仅因为经济体量，而且因为国际环境影响。中国政府收入体系的完备性和现代性特征初显。但并不意味着现有制度已经符合结构转型的需要。间接税向直接税体系转变和广义政府收入概念下的全口径预算管理，都还是未完成的工作。国际税收竞争的影响不可低估，对资本轻税和对劳动重税不利于创新转型和收入分配，但有利于国际竞争。这也是美国战胜欧洲经济的政策利器。理论上，政府收入中性原则的重要性，在供给侧调控下更为突出。供给侧要素：劳动、资本、土地和创新的市场优化配置，要更多依靠市场机制，从而减少收入政策扭曲。

专栏 大国增长与转型：英、美两国的低成本策略

1. 美国的转型与消费再提升（1980—1988）

与当前中国类似也实施过供给侧改革的美国里根政府时期

（1980—1988），就为我们的下一步规划提供了过往经验。图 4 – 1
展示了 1978—1992 年美国商品和服务进出口、政府消费支出和投
资总额、国内生产最终消费对 GDP 的同比拉动情况。可以看到，
里根政府上台后的头一两年（1980—1982）的消费情况十分糟糕。
实际上源于 1978 年以后，美国国内消费断崖式下跌，扩大内需任
务艰巨。事实上，整个 20 世纪 80 年代的国际经贸环境都不太好。
1980—1988 年，美国净出口对经济的拉动是一个深 V 形的结构。
而这一期间，政府消费支出和投资总额对经济拉动的贡献比较平
稳。换言之，传统上依靠凯恩斯刺激总需求的政策并没有实施。里
根政府供给侧改革的最大成果，便是扩大了国内生产最终销售环节
对 GDP 的拉动。比较遗憾的是，1988 年接过里根执政接力棒的老
布什政府没有持续扩大内需，导致国内最终消费环节再次大跌
（1989—1992）。

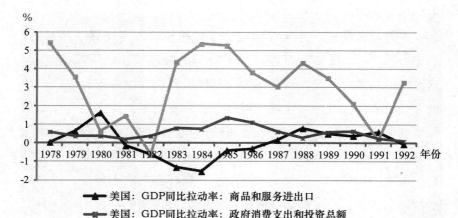

　图 4 – 1　美国商品和服务进出口、政府消费支出和投资总额、国内生产
　　　　　最终消费对 GDP 同比拉动率

2. 英国的转型与资本再积累（1980—1990）

英国的 GDP 总量与国际地位，决定其转型具有大国发展的特征。
撒切尔政府（1979—1990）实施的一系列供给侧改革，不仅成功激

活了经济增长（其执政时期年均增长 2% 以上），而且盘活了国有资产、维持了财政收支平衡（社保减支）。图 4-2 是 1978—1992 年间，支出法不变价统计口下英国实际 GDP 增速。撒切尔执政时期，最困难时出现在供给侧改革之初，实际 GDP 增速略有降低（1980 年是 -2.2%，1981 年是 -0.8%）。自此之后，实际 GDP 增速都为正。细节上，资本形成总额在 1980—1990 年之间波动最大，呈 M 形。1981—1989 年拉动实际 GDP 非常高，起到了资本积累的作用。这期间政府消费支出贡献 GDP 增速没有大的波动，始终维持在 5% 以下，但基本没有拖 GDP 后腿。财政收支的中性特征明显。

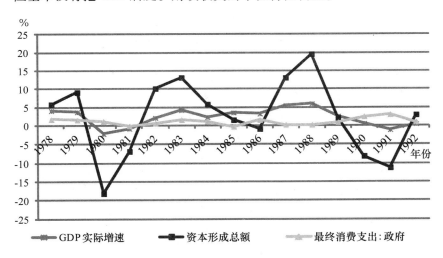

图 4-2 英国 GDP 实际增速（支出法不变价：1978—1992 年）

二 如何维持收入稳定性与政策延续性

维持相对稳定的政府收入规模，是稳定经济增长和宏观调控力度的重要一环。进一步的经验表明，政府收入的政策延续性，有利于供给侧改革中的市场行为者，形成稳定的政策预期。中国政府收入体系的完善，有力地促进了财政收入的高增长。政府收入增加伴随收入形式的规范。2007 年，预算外收入彻底退出历史舞台。2009 年，四本政府预算全面推出奠定了此后财政收入稳定的增长基础。过去 10 年，中国财政收入高增长得益于经济快速增长、征管效率提高和收入制度完善①（高培勇，2006）。供给侧结构性改革，基于拉弗曲线的思想：制定合适的税率，有助于经济增长，进而促进财政增收。相反，如果税率过高，税基将收窄，经济受到抑制，财政增收困难。当然，参考拉弗曲线的政策设计，亦需要注意如下问题：第一，这是税率和收入的长期趋势，短期内难以显现。第二，劳动和资本的税收负担不一致，减税的边际效果也不一致。第三，要考虑开放经济下国际间税收竞争和国内微观主体的预期。最后一点，对于供给侧改革尤为重要。没有了大规模的刺激计划，中国经济长期发展动能转换，有赖于各方面政策的稳定性。这种稳定是政策延续性的体现，也是渐进式改革的新经验。

维持收入稳定的核心工作是建立统一的政府收入体系。现代财政体系有一套自己的运行办法。财政收入总规模控制和政府收入体系唯一性的任务依然艰巨。没有收入总规模控制，政府对市场干预的程度无法估算，减税等后续政策无法指定合理的参考标准。没有收入体系的唯一性，就会有政府收入活动游离在监管之外，政府收入的合法性将受到挑战。目前的简政放权，与政府收入的统一性相关。放松管制是搞活经济，降低社会运行成本的体现。更进一步，越位行为导致的乱收费，依然在干扰政府收入政策。除了税收收入，政府性基金收入改革、国有企业利润处置和社会保障收入管理，在供给侧改革下还应该有新的突破。

政府税制改革与政策的延续性。1994 年分税制过后，中国税制改革进程从未间断。分税制改革目前的逐步实现，为建立具有现代国家治理结构意义上的税制体系，奠定了坚实基础。也应看到，中国税制改革的频繁程度高于同等经济体。这是渐进式改革的结果，也是税收政策变动较大的体现。这一特征的好处是，我们的税收政策与经济环境之间的互动性强。不太好的是，过于频繁的税制

---

① 高培勇：《中国税收持续高速增长之谜》，《经济研究》2006 年第 12 期，第 13—23 页。

变动，造成了市场预期的不确定性增加。从筹集收入的角度，间接税体制有优势，但从宏观调控的角度，直接税势在必行。现实看，世界大多数发达经济体从直接税往间接税方向走，而我们是从间接税往直接税路上去。两类税种彼此平衡是世界趋势。国家治理能力现代化，体现在政府收入体系上就是与市场的良性互动。

三　同步实现创新转型和跨越中等收入陷阱

政府收入政策走向很大程度上决定了创新转型和劳动创造。创新转型的直接体现是技术进步。宏观经济学认为，技术进步的希克斯中性是指技术进步同时影响资本和劳动生产率。索洛中性是指技术进步等同于扩大劳动投入，从而增加资本的边际产出。哈罗德中心假定技术进步等同于扩大资本投入。无论是上述哪一种认知，技术进步的意义对迈向新阶段的中国经济都具有决定性的意义。政府收入政策作为影响创新转型的主要经济手段之一，将对供给侧要素配置的优化，起到指引作用。中等收入陷阱要靠更高水平的产出支撑，更要靠合理的收入分配作保障。现阶段的内需不足特别是居民消费不足，很可能已经是中等收入陷阱的初期特征。创新产品和服务带来的经济红利，要靠有效消费转化为社会福利总水平的改进。因此，从这个意义上看实现创新转型与跨越中等收入陷阱的协同性明显。

有利于创新转型的政府收入政策。2014 年以后，中国制定了大量的创新转型政策。政府收入政策领域主要从两个方面着手：第一，抵扣创新过程中发生的费用；第二，为创新所得减免税收。当然，一些行政审批费用减免和创业创新的补贴政策，也发挥了应有的作用。当然，创新转型的政府收入政策仍然需要弄清楚发展路径上的一些规律。按照阿西莫格鲁（2002）创新转型的研究，他认为距离技术前沿面较近的国家，需要尽可能鼓励创新、保护知识产权、促进项目融资和鼓励承担风险；而远离技术前沿面的国家，利用现有技术和技术模仿是更优选择。因此，有利于创新转型的政府收入政策，应该基于确定的研究基础，政策长期与短期搭配。此外，我们的收入政策还要避免压低全要素生产率和潜在的有效产出。创业要鼓励市场行为。重大创新的关键依然需要集中力量办大事。

有利于跨越中等收入陷阱的政府收入政策。化解中等收入陷阱问题，还要看政府收入政策调整。税收的基本原则是对供给弹性较高和需求弹性较低的商品和服务征税。从收入的可得性角度，税收往往对流动能力强（如资本）的要素轻税和对流动能力弱（如劳动）的要素重税。供给侧改革下，依据可得性制定的政府收入体系，显然有悖于跨越中等收入陷阱和扩大内需的要求。从劳动层面看，个人所得税综合与分类改革有利于实现劳动所得税负，特别是工资薪金所得税负。而资本层面的问题复杂一些，人民币国际化和美元升值周期，决定了未来一段时间，不具备对资本重税的机会。这是为了防范投资特别是有效投资外流的短期风险。再从长期看，中国跨越中等收入陷阱的政府收入政策，一定是具有更强调控能力的制度安排。

四　减税策略：企业与个人的微观问题

供给侧改革下的减税政策直指产能出清和鼓励有效劳动。税制设计和税率设置是两个核心问题。减税政策要有利于实现要素的优惠配置。这是总方向。具体实施过程中则要结合现实的经济环境与发展目标。供给侧改革的一个重要目标就是产能出清。削减过剩产能的低效产出和占用要素资源。现行税制结构倾向于大规模制造。在现有技术条件和生产工艺条件下，这样的大规模生产往往缺乏转型升级动力，容易形成过剩产能。此外，不妥当的保护和补贴，也导致产能出清困难。如果说企业层面的减税是促进资源重新配置，那么个人层面的减税是增加劳动要素的有效供给。从供给侧的要素分类看，劳动的税收供给弹性较低。较之资本，更容易受到税制变动影响。我们倡导的有效供给，很大层面还有劳动力的有效供给。税收政策在劳动力供给上的作用，还有比较大的发挥空间。

有利于产能出清的减税政策。产能出清是一个比较复杂的问题。产能过剩的原因很多，出清困难也不止于财税政策。从体制层面看，各级政府追求 GDP 和辖区财政收入两大主要经济政绩。中央层面的减税政策，如果落实下去触及这两个层面，那么产能出清就会遇到困难。当然，对于一些大型国有企业，指令性减产还是有用的。但这毕竟是少数行业、少数企业。从经济学激励相容的角度上讲，鼓励产能出清的税收政策能缩短转型阵痛，降低 GDP 和财政收入总损失。这是最优选择，但不一定能完美实现。破除既有的体制机制障碍十分重要。这包括：分税制财政体制下，减税损失谁来承担的问题；既有的、具有临时性特征的财政税费减免，如何过渡到普惠式的减税政策问题。此外，一些外围的关联度较高的政策，需要引起注意。比如，现阶段对产能过剩的补贴扶持和优惠信贷，很可能会干扰到减税政策的效果。

有利于鼓励更有效率劳动的减税政策。鼓励有效劳动是典型的供给侧管理。减税政策会有比较大的作用。原因有三个方面：第一，对劳动供给效率的提升是传统的需求侧管理做不到的，有赖于供给侧的支撑。第二，减税的实质是增加可支配收入，劳动力获益于增收，会有诸多正面效应（增加工作投入、智力资本投入和后代哺育）。第三，创新关键在人，高技术人才受益于减税政策，会产生更强的集聚效应。劳动力有效供给也是有规模效应的。对劳动减税的长期效果突出，整个国家和子孙后代都将受益于尊重智力、劳动光荣的氛围。更进一步看，吸引各国优势智力资源是大国可持续发展的重要特征。对劳动减税，会在实质上促进更多优秀人才来华工作，或者海外华裔人才回流。

第二节　供给侧结构性改革下的收入政策：转型设计

一　致力于大国政府收入体系的形成与优化

大国财政体系不止于组织收入，还牵涉到改革、发展、稳定的大局。首先，GDP 全球第二和人均 GDP 刚刚迈入中等收入国家的现实，决定了中国政府收入体系的现代化刚起步。大多数大国的政府收入体系，具有全口径、规范性和法制化特征。这要求未来一段时期，我国的政府组织收入，不能再令出多门。税收收入、政府性基金收入、国有资本经营收入和社会保障收入，要能全部涵盖收入类别。目前游离在此体系之外的其他收入，都将视作不合规、不合法收入形式，应尽快纳入或者停止。其次，要将征税环节与经济长期发展的关键因素对接，助力供给侧结构性改革，夯实长远可持续发展的制度基础。尽快消除阻碍消费升级和居民增收的收入环节。将过往消费、投资和进出口环节的需求侧收入模式与劳动、资本等供给侧收入要素收入模式对接。沿袭现有收入体系的情况下，准确估算要素之间的不同税收负担。再次，寄希望于大国政府收入体系支撑经济的结构性转型与长远发展。政府收入体系调整比一般性的政策变动有更长的周期，比如税收立法。同时，政府收入体系建设的真正作用发挥，也将是一个相对长的时间过程，俗称税收效应滞后期。这说明不能过高期望于政府收入政策能短时间、大力度的改变经济形态。最后，政府收入政策调整不能长期止步不前。个人所得税改革、资源税改革、环境税改革和增值税改革等关系转型发展的大事，应该快速起步，逐步完善。国有企业资本经营利润充实社会保险基金的比例，距离大多数大国 40% 左右的标准，依然存在差距。均等化和统一性的社会保障体系，也要依靠政府收入体系现代化的支撑。

二　完善稳定收入和助力供给侧改革的方式方法

认清中国财政收入步入中低增速的现实。理解供给侧改革下，财政稳定增收艰巨性。第一，不把财政刚性增收，作为未来一段时期收入工作的重点。数据分析看，中国财政收入高增长的阶段性高峰已过。通过特殊增收手段，继续维持过去十年年均 15% 左右的财政收入增速态势并不明智。经调研分析，部分地方财政收入增速很可能在未来部分时段出现负增长。这与经济转型有关，也与财政收入增长的极限有关。第二，依靠做大"蛋糕"的思维，形成下一轮拉弗曲线的财政增长空间。供给侧结构性改革是真正意义上下一轮财政增收的基础。中国财政收入的增长历程，伴随多轮改革而生——有制度完善的因素，更有经济红利的支撑。做大税基、完善税制，下一个十年政府收入增速与 GDP 增速大致相当，甚至超越GDP 增速的局面依然可期待。第三，坚决遏制收入增速减缓和经济下行下的乱收费和乱增税现象。乱收费问题在中国长期存在。有地方政府缺乏收入来源的诱因，更有政府职权范围过大的便利。加强对地方的一般性财政转移支付，可以在收入下滑的情况下，解决地方财政的短时间困难。政府职权带来的收费则需要更严格的监管。简政放权的力度还要更大一些。要树立政府做不好的事情先让市场做的思维，运用市场手段，改善资源配置。乱增税隐匿在乱收费背后，不容易被发现。下达财政增收指标，导致的企业负担增加、财政收入空转等问题，都容易在经济转型期集中发生。因此不应继续实施政府收入增速与 GDP 增速挂钩的预算制定标准。还应全面核算税收增收潜力和收入执行可行性，实施真正意义上的中期收入预算和零基收入预算。

三　构建有利于创新转型的现代政府收入模式

创新转型是我们以前未曾经历过的新模式。政府组织收入要与创新转型契合，就要熟悉新时期经济发展特征与市场运行规律。事实上，创新转型与跨越中等收入陷阱目标下的政府收入模式具有一致性。未来的政策设计，需要关注三个层面的内容：其一，创新转型要求我们对新技术和新工艺的创造和使用减负。加大对创新活动的税负减免力度，将扩大研发费用扣除，特别是人力投入如何扣除，是下一阶段的主要工作要考虑的。增值税和企业所得税中的抵扣应成为主力军。但对新产品和新技术的推广使用，主要适合补贴政策。其二，已占据创新前沿面的领域，税费优惠政策要适时退出。我国目前优惠的进入时机和退出阶段，较之以往已经大为进步。但税务机关毕竟不是经济信息的主要观测与分析部门。加强更高层面协调下的相关信息沟通，有助于税收政策中性，更好地发挥市场机制的决定性作用和有限财政资金的杠杆作用。其三，跨越中等收入陷阱，要求现代政府收入模式具有更强的收入分配调节功能。从收入规模上看，我们具备了调节收入分配的能力。但从税制结构看，我们利于收入分配调节的直接税比重偏低，而占比更高的间接税却不便于收入分配调节。调节收入分配不能忽视国际资本影响。跨境资本流动的资本税需要尽快研究。在人民币国际化和利率市场化的大背景下，让资本活动既有活力，又能被约束，税制要发挥应有的作用。

四　准确把握减税的外部条件、进度与力度

减税是供给侧改革的经典环节，也是各方面期待比较高的实质性内容。一方面，我们现有的收入规模具备减税的条件；另一方面，我们却对如何减税没有太多经验，也没有比较充分的准备。下一步的减税计划，应在外部条件判断、实施进度与减税力度三个方面协调推进。第一，立足降低企业和个人税负。整体上的减税与2010年前后"有增有减"的结构性减税有所不同。降低增值税税率、降低个人所得税和企业所得税实际税负、降低消费环节税负，应该成为本次减税的三大重点。外部条件看，增值税税率在营改增过后，有比较好的调整基础。降低个人所得税需要综合与分类所得推进。降低个人所得税和企业所得税的实际税负，应从费用扣除和平衡税率两方面入手。降低消费环节税率，主要是营改增、消费税税目调整以及进口环节关税调整。第二，实施进度要依据减税成效和财力可承受范围动态调整。减税成效的评估十分关键。中国现行税收效应的评估基础薄。微观数据不足和税收归宿复杂是主要原因。组织力量对减税政策进行评估和压力测试，有利于弄清减税进度安排。财力可承受范围亦需要重视。现阶段化解地方政府债务的

工作，很可能不利于发挥地方政府减税的积极性。中央应承担更多的减税负担。第三，减税的力度把握。比较静态的测算显示，增值税现行税率每降低一个有效税率大约减税 2700 亿元。从其他国家的转型期的减税经验看，以既有税收收入的 1.5%—3% 作为减税幅度相对可靠。如果考虑到其他非税收入的减免，这一标准可以适当降低。事实上，在没有完成直接税转型的局面下，企业和个人只能依靠总税负降低获得减税红利。

第 五 章

如何实现供给侧发力：结构性
改革下的支出政策

　　传统的供给改革，大都将紧缩财政作为减轻政府和企业负担，激发市场活力的主要办法。但之于眼下的中国经济转型，很可能不完全适用。大量证据显示：中国财政支出依然处于快速上升的通道之中；政府致力于实现经济稳定增长与结构逐步优化；宏观调控方式转变与全面深化财税体制改革正同期推进。基于主流理论对中国政府支出总体作用和具体效应的分析，研究发现，当前结构性改革下的支出政策存在四大关键环节：经济周期与结构转型的双重压力；支出刚性逐步增大、效率有待提升；承担着兜底改革成本和建立现代财政制度的任务。为此，本研究认为，要实现供给侧发力，未来支出政策应有更明确的行动策略：首先，立足于逆周期调节助力结构转型；其次，以提升支出效率缓解刚性支出压力；再次，为供给侧结构性改革支出必要成本；最后，善于发掘事权与支出责任划分的体制红利。

第一节　影响中国政府支出政策的
外部格局分析

　　供给侧结构性改革下的支出政策，是一个亟待探索的全新领域。这不仅由于大多数供给侧改革的国际经验都是做减法——"减税和减少管制"，鲜有政府支出层面的典型范例，而且，中国政府支出政策受到自身改革任务和体制机制调整的多重影响，诸多事项有待推进。为此，本研究试图把中国政府支出政策所面临的格局归纳成：新背景、同任务和特殊性。洞悉这三个方面特征，有助于我们的改革准确定位，更有助于政策调整富有针对性。

一　新背景

第一，中国财政支出规模较大。2015 年，全国一般公共预算支出达 175767.78 亿元，约为当年 GDP 总额的 26%[①]。与同等收入水平国家相比，这一比重不低。第二，中国财政支出增速较快。1994—2014 年，全国一般公共预算支出平均同比增速达 14.03%，同期 GDP 同比平均增速为 8.41%，约 2 倍于 GDP 增速[②]（Yao，2014）。第三，CPI 快速上涨特征不突出（如图 5 - 1 所示）。2012 年 2 月至 2016 年 2 月的 48 个月里，CPI 月度同比涨幅没有突破过 4%。这与英美供给改革初期 CPI 高涨不同。第四，以往多轮政府投资周期以后的政府债务问题显现。如图 5 - 2 所示，依据中国社会科学院的研究显示：政府债务占 GDP 比重从 1996 年的 23% 上升至 2014 年的 57.8%。第五，约 7000 万人的脱贫攻坚与跨越中等收入陷阱的目标。2014 年，中国人均 GDP 为 46628.5 元[③]（约为 7300 美元）。供给侧改革开始的 1980 年，美国人均 GDP 为 28133 美元[④]，英国人均 GDP 为 21637 美元[⑤]。彼时，它们早已跨越了发展中国家乃至中等发达国家阶段。第六，公共支出向民生领域覆盖。教育支出占 GDP 的法定刚性标准落实。社保和医疗支出增速

---

① 中华人民共和国财政部：《关于 2015 年中央和地方预算执行情况与 2016 年中央和地方预算草案的报告》（http://www.mof.gov.cn/zhengfuxinxi/caizhengxinwen/201603/t20160318_1915291.html）。

② Yao Y. The Chinese Growth Miracle [J]. *Handbook of Economic Growth*，2014，2：943 - 1031.

③ 数据来源：国家统计局（2015）。本书没有特别说明，中国数据均来自中国国家统计局官方数据。

④ 数据来源：美国人均 GDP 来自美国经济研究局（NBER）。

⑤ 数据来源：英国人均 GDP 来自世界银行（World Bank）。

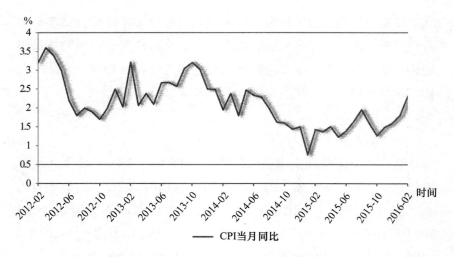

图 5 – 1　CPI 月度同比增幅（2012 年 2 月至 2016 年 2 月）

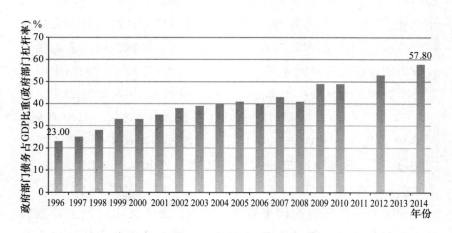

图 5 – 2　中国社会科学院估算的政府部门债务占
GDP 比重（1996—2014 年）

不仅高于同期 GDP 增速，而且高于同期财政支出增速。

二　同任务

第一，供给侧结构性改革的着力点是发挥市场机制的作用。利用市场配置资源的优势，美国削减了政府不必要的开支，英国盘活了国有资产。中国在财政收入增幅下滑、刚性支出增加和化解政府债务压力增大的局面下，有同样的诉求。第二，结构性转型的首要任务是抑制产能过剩。大多数国家的做法是收紧信贷。与之大致类似，中国的目标是去杠杆，化解经济运行中的风险。第三，维持经济社会稳定，蓄积未来增长动能。供给侧改革之时，很多国家都削减了公共支出，旨在不增加经济负担，但公共支出兜底社会保障的基本责任并未卸下。这种做法的目的是恢复市场活力，提升经济潜在增长率。现阶段，中国关注转型期过程中的全要素生产率提升。财政支出从投资向民生福利转变，财政支出效率也是重要环节。

三　特殊性

一方面，宏观调控与预算改革并行。2009 年全球金融危机之后，各国都在经历转型阵痛。过去 15 年间，中国习惯的凯恩斯主义宏观调控思路不断受到挑战。具体来说，就是政策工具的效果在减弱、财政支出的压力日益增大。当前，经济转型过程中的宏观调控方式创新势在必行。财政支出从生产投资型向民生福利型转变，已有些时间，但还可能会经历多个波折。中国版的供给侧结构性改革依然有待探索。2014 年年底颁布的新《预算法》是中国财政改革的大事。其中关于财政支出改革的内容，既要求合法合规，还提出了公开透明。这对习惯于高效率决定财政支出的传统做法，构成了挑战。换言之，宏观调控很可能不会再体现在财政直接支出和财政快速支出层面。

另一方面，事权与支出责任划分实施。体制改革一直是中国改革的前沿领域。提升经济绩效还要看我们的制度设计是否有利于各方面的积极性发挥。中国地方政府的横向竞争被理解为中国经济高速增长的一个重要体制特征[①]（李涛、周业安，2009）。与此高度

[①]　李涛、周业安：《中国地方政府间支出竞争研究》，《管理世界》2009 年第 2 期，第 12—22 页。

关联，新一轮财税体制改革已将事权和支出责任划分作为重点。财政支出的规模和方式都会影响到供给侧结构性改革的成效。中央财政与地方财政关于直接支出还是转移支出的讨论，要考虑有限财政资金的运行效率，更要考虑财政支出对助推改革的实际效果。

第二节　已有经验与作用机制

一　中国政府支出的总体作用

作为一个政府支出比较活跃的国家，中国财政支出效应一直广受关注。借鉴既有科学研究的成果，将有助于供给侧结构性改革的支出政策调整。中国高强度的财政支出，特别是投资性财政支出，一度被认定为中国模式的主要经验[①]（Jin、Qian、Weingast，2005；尹恒、朱虹，2011）。也应该看到，中国高投资、低消费的特殊现象背后，有深刻的财政基础。中央扩张性的财政政策加之地方对 GDP 增长的追求，推升了财政生产性投资对消费的挤压[②]（吕冰洋、毛捷，2014）。有研究证明，政府增加民生支出比重对推升社会福利总水平作用显著[③]（周亚虹、宗庆庆、陈曦明，2013）。当然，这里面存在地域上的差异，比如，财政民生支出对居民消费影响的地区差异较大，东部地区教育投入较为有效，中西部农村地区财政卫生投入较为有效[④]（刘沁清，2012）。政府

---

① Jin H.，Qian Y.，Weingast B. R. Regional Decentralization and Fiscal Incentives：Federalism，Chinese Style [J]. *Journal of Public Economics*，2005，89（s 9 - 10）：1719 - 1742. 尹恒、朱虹：《县级财政生产性支出偏向研究》，《中国社会科学》2011 年第 1 期，第 88—101 页。

② 吕冰洋、毛捷：《高投资、低消费的财政基础》，《经济研究》2014 年第 5 期，第 4—18 页。

③ 周亚虹、宗庆庆、陈曦明：《财政分权体制下地市级政府教育支出的标尺竞争》，《经济研究》2013 年第 11 期，第 127—139 页。

④ 刘沁清：《财政民生投入和城乡居民消费——基于省级面板数据的发现》，《上海经济研究》2012 年第 6 期，第 67—75 页。

间财政关系[1]（傅勇，2010）、治理结构[2]（卢洪友、龚锋，2007）和官员晋升[3]（周黎安，2007）也在不同程度上影响到政府支出选择。

二　中国政府支出的具体效应

政府支出的作用具有时间特征和类别特征，行动策略选择十分关键。已有的文献显示，财政支出的长期性和短期性也正交替，需要评估不同支出分类的特点。比如民生支出存在不同环境下的闭合收敛，这意味着同样规模支出在不同条件的福利效果差异很大[4]（石季辉、刘兰娟、王军，2011）。进一步看，中央和地方支出具有阶段性的不同特征。何强和董志勇（2015）发现1997—2006年间的地方财政支出表现为基本建设为主，2007—2012年间表现为社会保障支出存在显著的"粘蝇纸"效应。这主要得益于2007年以后，中央持续加大的转移支付[5]。需要关注的是，民生财政支出对居民消费的影响并不完全一致。总体看，汤跃跃和张毓雄（2012）发现，1978—2010年间，城市居民消费支出受拉动程度高于农村居民。对居民的转移支付效果好于财政直接支出。具体到财政支出的项目又不完全一样[6]。白重恩等（2012）发现财政全力补贴的新型农村合作医疗，使得非医疗支出类的家庭消费增加了约5.6个百分点，金额大约是149元。可以看到，消费增加的幅度远

---

①　傅勇：《财政分权、政府治理与非经济性公共物品供给》，《经济研究》2010年第8期，第4—15页。

②　卢洪友、龚锋：《政府竞争、"攀比效应"与预算支出受益外溢》，《管理世界》2007年第8期，第12—22页。

③　周黎安：《中国地方官员的晋升锦标赛模式研究》，《经济研究》2007年第7期，第36—50页。

④　石季辉、刘兰娟、王军：《财政民生支出CGE模型闭合条件的选择与检验》，《数量经济技术经济研究》2011年第9期，第75—89页。

⑤　何强、董志勇：《转移支付、地方财政支出与居民幸福》，《经济学动态》2015年第2期，第56—65页。

⑥　汤跃跃、张毓雄：《民生财政对居民消费贡献有多大——基于1978—2010年经验数据的实证检验》，《经济学家》2012年第9期，第37—42页。

远超过了包括政府补贴在内的参合费（2003 年总保险费一般为 30 元，2006 年一般为 50 元）。这也说明新农合对于消费的刺激作用比政府直接的现金转移支付更为有效。因为实际上的回归结果显示农村家庭平均的边际消费倾向仅为 0.44[①]。

上述总体作用和具体效应分析，对政策调整与制度变革的积极作用不可小觑。抓住政府支出政策的主要环节与关键问题，成为本研究在此基础上的下一步工作。

第三节　政府支出政策：关键问题及主要环节

一　大国政府支出的双重压力：经济周期与结构转型

中国政府支出的职责从来不局限在财政领域，而是政府一切活动背后的有力支撑。这也是为什么过去这些年，每当经济下滑或其他特殊情况时，政府能够强有力地出现，并担当起扭转局面的角色。这与财力多寡有关，更与政府职能范围有关[②]（Yan，2009）。可以说，政府职能大小基本上是划定财政支出范围的决定性因素。还应看到，支出范围和侧重点随时间和目标任务的转变而变化。人均收入水平、产业结构、消费结构等一系列指标表明，中国经济自2008—2010 年开始进入从工业主导到服务业主导的后工业化发展阶段[③]（张斌，2015）。供给侧结构性改革面临的支出任务，将有别于前两轮扩大内需的积极财政政策，也有别于常规运行阶段的政府支出安排，需要应对特殊局面和紧急情况。目前看，这些情况持续时间不会太短，财政支出的效果不会像以前一样立竿见影。这主要有两个方面的关键问题：

①　白重恩、李宏彬、吴斌珍：《医疗保险与消费：来自新型农村合作医疗的证据》，《经济研究》2012 年第 2 期，第 41—53 页。

②　Yan C. , Gong L. . Government Expenditure, Taxation and Long-run Growth ［J］. *Frontiers of Economics in China*, 2009, 4（4）: 505 – 525.

③　张斌：《从制造到服务：经验理论到中国问题》，《比较》2015 年第 10 期，第 192—210 页。

1. 大国财政支出的顺周期特征

第一，如何实现逆周期调节。中国财政政策顺周期特征依然明显：收入多的时候支出便利，收入少的时候支出压力。但财政政策初衷却很可能应该是逆周期调节。中国是目前各大国之中，比较频繁运用财政政策，特别是支出政策调控经济的国家。过去30年，我们的财政支出走势与GDP大体一致，但波动更大（见图5－3）。这里有支出自然增长的原因，也有宏观调控的原因。在一些重要的节点，宏观调控需要往往是触发支出大幅增长的原因。第二，对财政支出乘数的重视。大国财政支出的逆周期调节，不能忽视财政乘数的问题。中国经济迈向中高端，一定是效率提升的过程。具体看，全要素生产率被反复提及。但政府活动不能只视作所谓外生变量和调节因素，而是要理解政府支出对经济增长潜力的挖掘。放松市场管制，发挥市场机制更要重视财政支出乘数的作用。一方面，财政宽裕是短期的，财政支出不足时支出效率体现在支出乘数上；另一方面，大国财政支出乘数具有区域和时间上的差异化。如能够准确及时洞悉财政支出乘数的变动，那么将极大提升财政政策的有效性。

2. 大国财政支出的结构转型

第一，如何从扩大需求到扩大有效需求。供给侧发力不是忽视需求管理的理由。实际上，没有任何一个国家特别是大国，只在供给或者需求的某一端发力。过往实施供给侧改革的国家，在政府支出扩大需求方面的做法不尽相同。但有一点经验是，已从凯恩斯主义的扩大社会总需求函数，转变为扩大社会有效需求。这可以理解成是对凯恩斯主义做大经济体量、不顾经济效益的矫正。第二，带动市场结构优化的任务。大国经济转型的任务远大于小型经济体。这里面有经济体量大的原因，也有体制黏性更大的因素。市场经济条件下，财政支出推动经济转型的作用是间接的。关键是要带动市场结构优化，而不是干扰市场配置资源的机制。市场垄断和产能过剩具有伴生特征。破除垄断才能让财政资金不流向市场中的低效率部门。换言之，稳定需求且提升有效需求，是下一步财政支出支撑转型发展的落脚点。

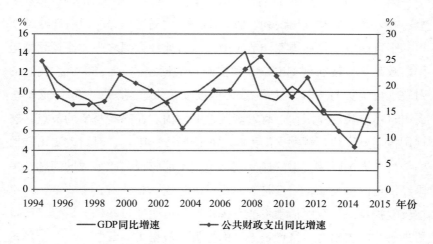

图 5 – 3　GDP 同比增速与公共财政支出同比增速的年度
变动趋势（1994—2015 年）

二　支出合理性与效率：支出刚性和绩效

供给侧结构性改革要求大幅度提升支出合理性和支出效率。不
仅由于现代意义上的政府支出基于"取之于民，用之于民"的合法
性诉求，而且有确凿的研究表明，财政支出理念和管理方式的改
进①（Afonso 等，2005；陈诗一、张军，2008；Devarajan，2010；
唐齐鸣、王彪，2012），是促进支出效率提升的关键环节。如果说，
过去理解财政支出效率提升是集中在少花钱多办事的层面，那么供
给侧结构性改革的要求，是建立与现代国家治理结构相适应的支出
管理体系。这三个方面的问题需要关注。

————————

①　Afonso A. , Schuknecht L. , Tanzi V. Public Sector Efficiency: An International Com-
parison [J]. *Public Choice*, 2005, 123（3 – 4）: 321 – 347. 陈诗一、张军:《中国地方政
府财政支出效率研究: 1978—2005》,《中国社会科学》2008 年第 4 期, 第 65—78 页。
Devarajan S. , Le T M. , Raballand G. Increasing Public Expenditure Efficiency in Oil-rich Econ-
omies: a Proposal [J]. *Social Science Electronic Publishing*, 2010. 唐齐鸣、王彪:《中国地
方政府财政支出效率及影响因素的实证研究》,《金融研究》2012 年第 2 期, 第 48—60
页。

1. 全口径的支出管理问题

全口径预算管理背后是收支活动的全口径问题。理论上，组织政府收入活动，是由税务部门实施的。组织政府支出行为的起始点则在财政部门。实际上，真正意义上的政府支出不局限在哪一个部门。从预算制定到财政支出，再到财政审计，做好全口径的财政支出管理要比收入管理的难度高很多。支出管理不能实现全口径的直接后果是，支出预算进度游离在监督管理之外，最终导致财政存量资金问题①（Jia，2014）。2014 年，发现的 3 万亿元的财政存量资金，是全口径支出管理不到位的结果。这与眼下扩张性的财政政策背道而驰。预算执行进度不力和预算制定标准不合理，是影响全口径支出管理成效的主要原因。盘活财政存量资金、加强国库管理是治理第一步。根本上，国家财务管理视角下的资金有效运转，呼唤全口径支出管理尽快落实。

2. 支出绩效管理不能落后于市场部门

供给侧管理提升不只是市场效率。政府支出绩效管理是建立现代公共管理体系的重要内容。2011 年 4 月，《财政支出绩效评价管理暂行办法》（以下简称《办法》）颁布实施。《办法》将绩效评价主体，绩效评价对象和具体评价内容悉数纳入其中②。绩效评价的对象包括纳入政府预算管理的资金和纳入部门预算管理的资金。合规性被放置在《办法》里比较高的位置。现实中，支出绩效管理不能游离在经济、社会运行体系之外。支出绩效管理不能成为最短的那一块木板。回应民众需求、助力经济转型都要靠支出绩效的提升。

3. 对法定刚性支出的再认识

法定支出是保障了政府支出用于专门领域。教育支出与 GDP

---

① Jia J. , Guo Q. , Zhang J. Fiscal Decentralization and Local Expenditure Policy in China [J]. *China Economic Review*, 2014, 28（1）：107 – 122.

② 《办法》规定各级财政部门和各预算部门（单位）都是绩效评价的主体。绩效评价的对象包括纳入政府预算管理的资金和纳入部门预算管理的资金。按照预算级次，可分为本级部门预算管理的资金和上级政府对下级政府的转移支付资金。部门预算支出绩效评价包括基本支出绩效评价、项目支出绩效评价和部门整体支出绩效评价。

挂钩是目前典型的法定支出项目。调研显示，这项支出缓解了教育资金总量不足，但也衍生出了支出效率下降、财政资金分配不合理等问题。大多数发达国家的法定支出都有比较明确的领域，范围也比我们要大。财政的灵活性自然也比我们要低。英、美两国的供给侧管理之所以没有动用财政支出工具，有财政资金困难的原因，也有法定支出难以控制的因素（见图 5 - 4）。因此，未来法定刚性支出按比例挂钩 GDP 或者财政收入的做法，还应更加谨慎、并充分讨论。

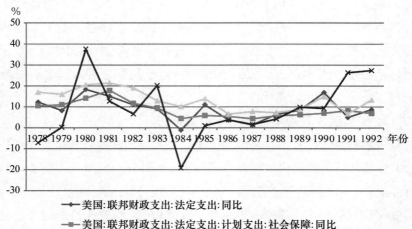

图 5 - 4　供给侧改革期间美国联邦法定支出年度同比增幅（1978—1992 年）

注：图 5 - 4 为美国供给侧改革前后（1978—1992）联邦财政支出中法定支出的增幅变动情况。法定支出分为计划支出和抵偿性收款。研究主要观察了计划支出中，社会保障、医疗保险和收入保障三个分项同比变化趋势。

三　覆盖供给侧改革成本：兜底转型的支出

改革有成本，供给侧改革需要财政支出跟进。与需求管理不同，供给侧改革不绝对依靠投资和政府消费渠道，而是靠转型发展获得未来的增长动力。转型意味着淘汰过去。1998 年，国有企业抓大放小，具有典型的供给侧改革特征[①]。改革成本不可谓不大。财政支出的配套有经验也有教训，但总结不够、证据不多。目前看，美国和英国的一些经验依然有借鉴的价值。结合我们自身的情况，有如下四个关键问题。

1. 产能下滑中的兜底

不淘汰过剩产能，改革就会犹豫不前。过快的淘汰产能也会有很多的问题。银行呆坏账、大批职工失业和上下游产业集体倒闭，产能出清的影响会蔓延开来。其实，解决这些问题也并不复杂。金融稳健性和财政支出实力，是兜底产能下滑的关键。现有的社会保障体系基础比 1998 年前后好太多。只是目前保障的项目增多、覆盖面增大和覆盖水平提高后，如何接续是个问题。金融稳定性相对更复杂一些。财政里面的大量政府性基金，特别是各级政府的产业发展基金，能不能将其用于兜底产能下滑的金融稳定问题，需要仔细研究。

2. 通胀兜底

实施供给侧改革往往是需求端刺激无效的结果。通货膨胀是供给侧改革之初各国面临的典型问题。如图 5 – 5 所示，1980 年前后美国通胀率变化具有代表性。1980 年，美国通胀水平达到 14% 的峰值，而实施供给侧改革后，随后 10 年的通胀率低于 4%。实际上，中国目前的通胀水平不能完全靠 CPI 反映。最主要原因是资产和劳动等供给侧要素价格不能完全被体现。如果稍加留意过去 10 年资产价格和劳动力持续上涨的趋势，那么今天的供给侧改革需要财政支出兜底的可能性还比较高。

---

① 国有企业改革是 20 世纪末中国的最大政治经济社会实践。1997 年，中共十五大提出新的国有企业改革方向，前期持续数十年的放权让利转变为产权改革。释放一大批国有企业去真正的市场经济当中，成为总基调。1998 年，"三年脱困"目标成为当时大多数国有企业留在体制内的最后机会。1999 年，中共十五届四中全会通过的《关于国有企业改革和发展若干重大问题的决定》，明确了"有进有退""抓大放小"等一系列至今耳熟能详的政策主张。

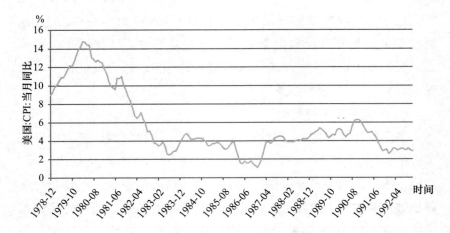

图 5 - 5   供给侧改革期间美国 CPI 月度同比增幅（1978—1992 年）

3. 减贫目标

我们依然拥有 7000 万贫困人口①，他们人均每天生活支出低于 1 美元的国际标准。可以说，全面建成小康社会和实现"两个一百年"奋斗目标中的第一个一百年目标，任务繁重而艰巨。如果全部由财政负担，那么约为 1.67 万亿元，超过 2015 年财政收入的 1/10。如果按过去 30 年，平均每年脱贫 600 万人的速度，完全消除贫困需要 11 年。时间和支出规模的压力，决定了支出政策的侧重领域面临更多的不确定性②（Gibson，2013；刘尚希，2015）。

4. 日益增长的民生支出需求

中国民众的生活水平已不同于 30 年前。财政负担民生支出的压力在增大，而且这种趋势很可能长期持续。图 5 - 6 显示了

---

①   新华社 2015 年 11 月 28 日电，目前，中国仍有 14 个集中连片特困地区、12.8 万个贫困村、7000 多万贫困人口。贫困人口超过 500 万的有贵州、云南、河南、广西、湖南、四川六个省区，贫困发生率超过 15% 的有西藏、甘肃、新疆、贵州、云南五个省区。

②   Gibson J. , Huang J. , Rozelle S. Improving Estimates of Inequality and Poverty from Urban China's Household Income and Expenditure Survey ［J］. *Review of Income & Wealth*，2003，49（1）：53 - 68. 刘尚希：《新型城镇化中的财政支出责任》，经济科学出版社 2015 年版。

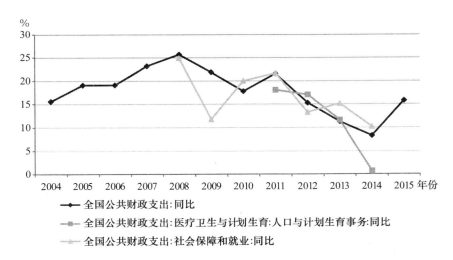

图5－6　中国公共财政支出、社保与医疗支出年度
同比增幅（2004—2015年）

2004—2014年，中国公共财政支出增速中社保和医疗支出的变动情况。如今，这两者支出增速水平都高于财政支出增速。平均看，过去10年，医疗卫生和计划生育支出增速几乎2倍于财政支出增速。医疗价格上涨和"二孩"政策落地，都是推升这项支出的未来动力。2008年开始统计的社会保障和就业支出增速，与同期财政支出增速大致相当。之所以两者还能够相对平稳地运行，是因为已有的社会保障体系和人口红利释放。而随着劳动力人口数量的下降，社会保障支出特别是地方层面的支出，正呈现加速上升的趋势。按照蔡昉（2010）的研究[①]，中国人口红利消失在2010年。两年过后的2012年，社会保障与就业支出增速已经快于财政支出增速。

四　如何获取体制改革的红利：事权与支出责任相匹配

支出效率的高低很大程度上取决于支出来源于哪一个层级。供

---

① 蔡昉：《人口转变、人口红利与刘易斯转折点》，《经济研究》2010年第4期，第4—13页。

给侧结构性改革要向财政支出体制索取红利。财政分权理论基本都认为，基层政府了解公共需求，支出效率更高。上级政府做好转移支付，平衡好区域财力差异即可。但理论和实证研究的显著性结论都存在严苛的假设，其中之一就是基层政府能够确切明白公共需求，并能无私地去满足需求。这在实际政策制定与实施过程中，显然存在问题。因此，事权与支出责任划分被中共十八届三中全会明确为财政体制改革的核心任务。

1. 财政体制改革：怎样加强中央支出责任

加强中央支出责任的逻辑起点是建立大国财政体系。微观基础是统筹有限财力支撑经济社会发展。这里面有地方财政支出困难的问题，也有多年分级财政体制导致的支出碎片化问题。事实上，加强中央支出责任不是走回计划经济的老路，而是改善支出效率的新路①（Feng 等，2012）。基本公共服务均等化和民生支出等关键环节，确实需要中央财政负担起更重的责任。此外，减税政策带来的财政减收也是个大问题。中央应吸取当年出口退税政策导致地方负担增加，从而引发一系列问题的经验教训。

2. 转移支付与支出责任之间的激励效应

转移支付制度改革一直沿着增加一般性转移支付，削减专项转移支付的道路前进。增加地方财力是主要目标。中央一级的转移支付制度已经充分讨论，适时推开即可。相反，省及以下的转移支付体系比较薄弱。这与省以下财政体制改革不完全相关。如果不能深化注入省直管县之类的分税制财政体制改革，那么转移支付和支出责任之间的激励效应就难以到达"田间地头"。如若供给侧结构性改革背景下的政府支出政策，不能具体到微观问题，就会面临"最后一公里"难题。实现事权与支出责任相匹配的既定目标，也将会遇到很大的困难。

---

① Feng J., Hao R., Li Y., et al. The Effect of Leadership Transition on Government Expenditure: Evidence from China [J]. *Annals of Economics & Finance*, 2012, 13（1）: 97 - 118.

第四节　供给侧结构性改革下的支出政策：转型设计

一　实施逆周期调节助力结构转型

1. 将稳增长作为财政支出逆周期的基准

扩大供给侧的财政支出范围和力度，可以解决改革初期市场机制薄弱、价格信号失灵问题。周期性财政赤字对稳定财政支出规模具有重要意义。管理市场预期的最好手段是政府敢于有效支出，使市场主体敢于消费或投资，逐步化解当期财政收入对当期财政支出的潜在约束。发挥财政支出跨期调节的重要作用。要深刻理解财务管理的思维逻辑，在企业与政府之间的相通性。将政府资产和现金流问题作为突破口，化解财政资金难题，提高资产的流动性和资金的周转速度。

2. 实施财政支出乘数的精细化管理策略

现有的中国财政支出乘数都是基于凯恩斯需求管理的测算。供给侧结构性改革的长期性特征决定了财政支出乘数有新的标准和计算方法。首先，要做好财政支出的数据整理，中央、省、市、县都应有准确的长时间支出数据报告。其次，可运用乘数稳健的 VAR 模型或 DSGE 模拟支出乘数特征及变化趋势。最后，获取细分的不同层面的财政支出常数，用以锚定未来支出政策强度。解决结构调整过程中，财政支出调节精确化不足，缺位或者越位。

二　提升支出效率，减缓刚性支出压力

1. 尽快将全口径支出管理纳入财政支出政策调整的关键内容

这是盘活财政存量资金和杜绝新增财政存量资金的治本之策。全口径财政支出管理的难点不在财政支出的拨付起点，而在支出的各个责任主体。资金支出进度是一个方面，结合预算管理和大数据分析，杜绝无限度滚动追加预算才是关键。落实适合中国的中期预

算规划和新的国库管理制度。

2. 支出绩效高于支出效率的要求，政府部门不能落后于市场

要让支出绩效提升需要多方面的努力。经验表明，只要机制设计得当，发挥市场在提供基本公共服务的成本优势会有不错的效果。政府支出绩效的提升，依赖于每一个细节的优化。指标和测算方法很重要，受众的反馈更重要。供给侧结构性改革要求的有效政府支出，重在提升支出的合理性和满意度。

3. 财政支出不宜过快刚性化

这是大多数国家的教训。理解支出刚性化有两个层面：法定约束和客观使然。避免刚性化的前提是实现基本公共服务均等化。唯此，才能不再根据某一个领域的要求确定法定支出比重，而是根据需求动态调整。不应回避民生支出会在很长一段时间里持续刚性增长的事实。应注意吸取某些发达国家过度福利化的教训。不同发展战略，对民生支出的理解不尽相同。只有制定适合中国的社会福利发展战略和实施策略，财政支出才有匹配前行的参照系。

三　为供给侧结构性改革支出必要成本

1. 财政支出要关注产能出清过程中的经济成本和社会成本

财政支出中生产投资性部分需要更加谨慎决断。对市场机制能决定的产能出清尽量不要干预。不能短期出清的产能，应注意消化，不搞"一刀切"。国际经验看，兜底社会保障是改革时期财政支出的主要方向。要利用好现有的社会保障体系，实现资金的跨期调节。在进一步化解产能过剩的过程中，财政支出要做好兜底转型成本的准备。一切以稳定大局为前提。此外，财政支出要做好应对金融风险的准备。

2. 财政支出兜底通胀的压力主要关注资本和劳动要素价格

在 CPI 不能全面反映价格水平情况下，既有财政支出规模的实际价值是很难确定的。为此，指向优化的资本和劳动配置的供给侧改革，在市场机制作用下，存在进一步涨价的空间，进而形成实际

意义上的通货膨胀。考虑到人民币国际化以及利率市场化，美元进入上升通道等因素，财政支出的实际购买能力会有比较大的波动。兜底通胀目标下，财政政策与货币政策协调主要是财政支出与货币价格之间的关系。

3. 发挥财政支出在减贫过程中的杠杆作用

全部使用财政资金来减贫，不可靠也不可持续。但减贫目标的主体责任依然在政府。经济转型是挑战更是机遇。利用好要素价格走强的市场机制，可以解决减贫过程中民众增收的现实问题。财政减贫已不仅是中央专项扶贫基金就能解决的。整体性的公共服务均等化，配合直接转移支付，将会有更好的规模效应和激励效应。

4. 做好应对民生财政支出大幅上升的准备

经济转型会令需要财政兜底的人群数量增加。教育、医疗和社保的长期支出压力都是公共服务成本上涨所致。目前看，人口红利消失意味着如果不能大幅度提高劳动年龄人口的产出率，则与工资薪金挂钩的社会保险金缴费数额，财政填补公共服务支出的规模会越来越大。为此，做好赤字预算、积极实施公私合营都是有效化解财政压力的做法。

四　获取事权与支出责任划分的体制红利

1. 加强中央政府支出责任关键是进一步明确中央与地方财政关系，而非提升支出规模

实施支出责任划分的增量改革，首先从启动公共职能和公共支出划分的工作着手。提升公共服务供给质量和数量，为供给侧改革奠定制度基础和财力保障。并将加强中央支出责任与落实依法治国总体部署结合起来，尽快确立法律意义上的中央与地方财政支出准则，使中央与地方的财政支出划分具有契约效力。与中央类似，要尽可能为实施省以下政府支出责任划分创造有利条件，破除既有体制机制障碍。具体来讲，解决基层财力不足还要依靠政府间支出关系的调整。

2. 创造条件，发挥转移支付体系的激励效应

增加一般性转移支付的方向还应坚持，这是让更了解基层的地方去做事的基础。但中国的地方政府是非常大的概念。新《预算法》在此问题上已经有所推进。根本上，各级政府之间差异化的转移支付问题，需要尽快纳入研究讨论议程。因为稳定与可持续的转移支付，才能形成激励相容的预期[①]（Shishkin，2013）。此外，转移支付的激励效应要与税权划分相结合。从现在的分钱制迈向真正意义的分税制，我们尚有大量的未完成工作[②]（高培勇，2015）。从地方财力配给的角度看，不能忽视转移支付与税权之间的替代效应。营改增之后的地方主体税种不一定要靠增加新税种来填补[③]（杨志勇，2015）。这不符合供给侧减税的大方向，也不利于转移支付改革等政策的彻底推进。

---

① Shishkin D. Fiscal Incentives and Shared Revenue Sources with Differentiated Sharing Rates [J]. *Public Finance Review*，2013，41（4）：473 – 488.

② 高培勇：《由适应市场经济体制到匹配国家治理体系——关于新一轮财税体制改革基本取向的讨论》，《财贸经济》2014 年第 3 期，第 5—20 页。

③ 杨志勇：《现代财政制度探索——国家治理视角下的中国财税改革》，广东经济出版社 2016 年版。

第 六 章

如何实现供给侧发力：赤字与债务管理政策

　　2014 年之后，中国政府开始面临财政赤字逐步扩大和地方政府债务风险陡增的新局面。本章以经济社会全面转型、结构性改革和正在硬化的财政约束为背景，分析我国当前赤字与债务管理的状况，发现本次赤字与债务管理问题由收支格局变化与管理体制转型共同主导，而管理体制转型又由广义的赤字与债务负担管理而非静态警戒线管理为主导。造成当前赤字与债务管理相对滞后的原因包括：经济波动、财政周期与国际间财政协调的影响；缺乏对赤字与债务数量规模及收敛特征的预判；过度依赖中央兜底偿付责任；疏于对赤字分类管理、债务与资产、债务期限结构和国际收支等关键细节的把握。本章研究表明，广义政府赤字低于一般公共财政赤字，结构性改革期间可适度放松财政赤字至 3%—5% 的区间；考虑到人民币国际化大背景，一定规模政府债务有利于金融定价稳定和国际收支平衡。为了更好加强赤字与债务管理，中国应将赤字和债务管理纳入结构性改革的总体设计、推进偿付责任划分和债务规模余额管理、全面实施广义政府赤字与债务的分类管理模式。

第一节　背景变化与新任务

　　赤字和债务从来都是令人紧张的话题，但这不应成为回避和缺乏准备的理由。相对于大多数国家，中国政府对赤字和债务的管理，总体趋于谨慎。这一方面源自历来财政管理的以收定支传统约束；另一方面是因为中国较强的政府收入能力和相对充裕的可支配资源，保证了财政的可持续发展。收入不会永远高增长，赤字和债务问题终究以各种形式呈现。世界主要大国大都经历过赤字与债务的起伏——有的国家处理的比较好（如德国），有的国家比较糟糕（如诸多债务危机国）。目前看，中国政府部门债务负担率57.8%（社科院，2014）和赤字率2.39%（预算数，2015）相对于同类经济体不算高。[①] 但现实中的赤字与债务管理政策，显然不只是参照几个加总的绝对性指标可以做出的。在稳增长、调结构过程中，中国的赤字与债务管理面临诸多新情况。首先，财政收入减缓和支出增加产生推升的赤字长期增长趋势正在形成；其次，政府债务规模结构尚未完全清晰。其中，地方政府杠杆过高带来的财政危机风险，很可能延伸到金融乃至更广阔的领域；最后，全球性政府财政危机的传染性，让中国赤字与债务管理需要从谨慎到科学审慎。基于上述的事实与判断，本章将对中国政府赤字与债务管理的主要背景变化、运行机制特征及关键问题进行探索，期待能为改革新阶段提供参考依据。

一　经济社会全面转型

中国经济社会转型是长期性和全方位的。这对赤字和债务管理政策形成了根本上的冲击。首先是**人口结构转变**。人口结构转变对政府财务状况的影响是长期的[②]（Blanchard，1985；Buiter，1988）。2012年，中国人口红利观点出现（蔡昉，2010）。支撑中国经济高速发展的核心要素——劳动力，出现数量上的峰值（见图6-1）。

[①] 2016年1月，美国财政部数据显示：政府债务总规模为13.63万亿美元，债务负担率为105%，新增债务（约为赤字率）3.8%（http://www.treasurydirect.gov/NP/debt/current）。

[②] Blanchard O. J. Debt, Deficit and Finite Horizon [J]. *Journal of Political Economy*, 1985, 93 (2): 223 –247. Buiter W., H. Death, Birth, Productivity Growth and Debt Neutrality [J]. *Economic Journal*, 1988, 98 (391): 279 –293.

与之对应，人口抚养比重全面上升。2004 年我国少年儿童抚养比为 26.77%，2014 年降低为 22.45%；2004 年老年人口抚养比为 11.87%，2014 年升至 13.70%（见表 6-1）。抚养比的变化意味着，中国从家庭保障过渡到社会保障的福利体系，已步入长期扩张的通道。财政负担自然增加。还应注意，劳动年龄人口生产效率的提高速度能不能填补绝对劳动年龄人口数量减少的损失，直接决定了未来产出水平高低。其次是**经济转型**。经济发展带来的产业转型和转移，将对财政收支结构产生影响①（Krugman，1995）。2013 年以后，推动中国 GDP 增长的第一动力从第二产业彻底过渡到第三产业（见图 6-2）。与传统上按三大产业分类观测 GDP 构成不同，三大产业对 GDP 的累积同比拉动，更能体现出经济转型的特征。客观上，中国现行以工业为主，依靠对工业增加值征税的政府收入体系，不得不在未来，更多侧重于以服务业为主，依靠对服务产出征税的政府收入体系。最后是**国际地位转变**。从经验看，开放经济体的政府赤字与债务管理，将大不同于半开放或者封闭经济体②（Ludvigson，1996）。2015 年，中国依然是世界第一大投资目的地国，实际利用外资 1262.7 亿美元。同时，过去 10 年，中国悄然成为世界主要投资国。中国对外直接投资从 211.6 亿美元（2006）上升至 1231.2 亿美元（2014）（见图 6-3）。更值得关注的是，2014 年，中国对外直接投资首次超过了实际利用外资。当然，大家耳熟能详的 GDP 仅次于美国。2015 年，6.9% 的 GDP 增速虽然是 1990 年以来的最低值，但与 2015 年预测的全球平均增速 2.9%（英国《经济学家》杂志，2015）相比，依然不低。当然，2015 年年末人民币正式加入国际货币基金组织的特别提款权一揽子货币。比重位列美元、欧元

---

① Krugman P. Development, Geography and Economic Theory. Cambridge MA [J]. *MIT Press Books*, 1995, 40（4）: 595-599.

② Ludvigson S. The Macroeconomic Effects of Government Debt in a Stochastic Growth Model [J]. *Journal of Monetary Economics*, 1996, 38（1）: 25-45.

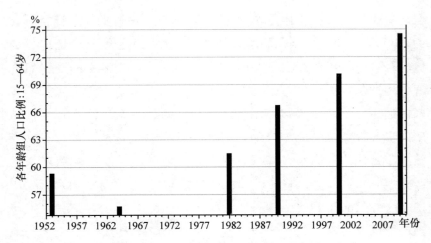

图 6-1　中国六次人口普查数据中劳动力年龄段人口比例

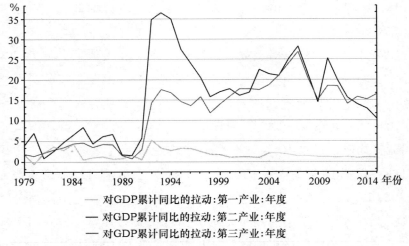

图 6-2　三大产业对 GDP 累计同比拉动（1979—2014 年）

之后，日元、英镑之前①。

———————————

① 2015 年 11 月 30 日，国际货币基金组织正式宣布人民币 2016 年 10 月 1 日加入 SDR（特别提款权）。2016 年 10 月 1 日，特别提款权的价值由美元、欧元、人民币、日元、英镑这五种货币所构成的一揽子货币的当期汇率确定，所占权重分别为 41.73%、30.93%、10.92%、8.33% 和 8.09%。特别提款权（Special Drawing Right，SDR），亦称"纸黄金"（Paper Gold），最早发行于 1969 年，是国际货币基金组织根据会员国认缴的份额分配的，可用于偿还国际货币基金组织债务、弥补会员国政府之间国际收支逆差的一种账面资产。

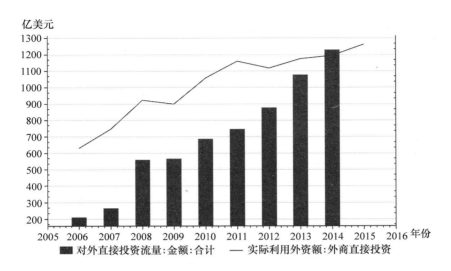

图 6 - 3　中国吸引外资和对外投资情况（2006—2014 年）

表 6 - 1　　　　　　我国人口抚养比变化（2004—2014）　　　　　（%）

年份	总抚养比：少年儿童抚养比	总抚养比：老年人口抚养比	总抚养比
2004	26.77	11.87	38.63
2005	27.42	12.71	40.10
2006	25.53	12.72	38.25
2007	24.56	12.86	37.42
2008	23.68	13.04	36.72
2009	22.98	13.24	36.21
2011	22.13	12.27	34.40
2012	22.20	12.68	34.88
2013	22.20	13.10	35.29
2014	22.45	13.70	36.16

数据来源：《中国人口年鉴》（2004—2014）。

二　结构性改革

结构性改革会有对各方面比较显著的短期影响，并需要一定的改革成本。这都会推升赤字和债务规模。**首先，去产能、去库存会**

降低主体税种的收入贡献能力。政府赤字和债务都有上升可能[①]（Barro，1979）。财政部公布的财政收支情况显示，2015 年 1—12 月累计，全国一般公共预算收入 152217 亿元，比上年增长 8.4%，同口径增长 5.8%。[②] 其中，所占比重最大的国内增值税 31109 亿元，同比增长 0.8%。剔除营改增转移收入影响后下降 0.5%，主要受工业生产增速放缓（全年规模以上工业增加值增长 6.1%，同比回落 2.2 个百分点）、工业生产者出厂价格持续大幅下降（全年 PPI 下降 5.2%）以及前期扩大营改增范围减税力度加大等因素影响。企业所得税虽然同比增长 10.1%，但是房地产企业所得税为 2871 亿元，下降 3%；工业企业所得税为 7425 亿元，下降 5.3%，主要受工业企业利润下降（全年下降 2.3%）的影响。**其次，去杠杆、降成本都是增加支出的活动**[③]。结构性改革要求提高公共支出规模和增进支出效率[④]（Aschauer，1989；Devarajan、Swaroop、Zou，1996）。2015 年全年，我国所有的公共财政支出同比增速都高于公共财政收入同比增速[⑤]。中央与地方公共财政支出增速高于收入增速，也高于 GDP 增速[⑥]。特别是，关乎地方主要可支配财力

[①]　Barro R. J. On the Determination of Public Debt [J]. *Journal of Political Economy*, 1979, 87 (5)：940 –971.

[②]　数据来源：中华人民共和国财政部（http：//gks. mof. gov. cn/zhengfuxinxi/tongji shuju/201601/t20160129_ 1661457. html）。

[③]　中央本级一般公共预算支出 25549 亿元，增长 13.2%，同口径增长 12.77%；地方财政用地方本级收入、中央税收返还和转移支付资金及动用结转结余资金等安排的支出 150219 亿元，增长 16.3%，同口径增长 13.24%。

[④]　Aschauer D. A. Is Public Expenditure Productive? [J]. *Journal of Monetary Economics*, 1989, 23 (2)：177 – 200. Devarajan S., Swaroop V., Zou H. F. The Composition of Public Expenditure and Economic Growth [J]. *Journal of Monetary Economics*, 1996, 37 (2)：313 –344.

[⑤]　2015 年 1—12 月累计，教育支出 26205 亿元，增长 8.4%；文化体育与传媒支出 3067 亿元，增长 9.3%；医疗卫生与计划生育支出 11916 亿元，增长 17.1%；社会保障和就业支出 19001 亿元，增长 16.9%；城乡社区支出 15912 亿元，增长 11.5%；农林水支出 17242 亿元，增长 16.9%；节能环保支出 4814 亿元，增长 26.2%；交通运输支出 12347 亿元，增长 17.7%。

[⑥]　中央本级一般公共预算支出 25549 亿元，增长 13.2%，同口径增长 12.77%；地方财政用地方本级收入、中央税收返还和转移支付资金及动用结转结余资金等安排的支出 150219 亿元，增长 16.3%，同口径增长 13.24%。

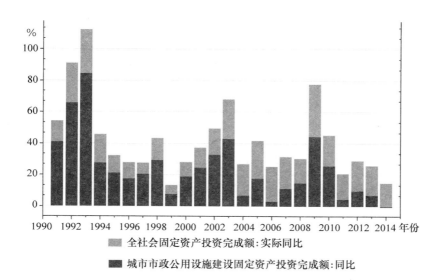

图 6 - 4　全社会固定资产投资和公用设施投资增速对比（1990—2014）

来源的国有土地使用权出让收入为 32547 亿元，同比减少 8840 亿元，下降 21.4%。**最后，补短板则是扩大政府有效投资的新提法**。① （Munnell，1992）以城市化为例，我国城镇化率从低于 30% 起步，到 2014 年约为 54%，刚刚完成了 75% 总目标的一半。政府投入公共事业的空间还很大。但是城市公共基础设施建设却在 2004 年以后悄然减速。图 6 - 4 显示了全社会固定资产投资完成额与城市市政公用设施建设固定资产投资完成额同比变化。2003 年以前，城市公用设施投资增速更快，但与全社会投资情况大致同比波动。2004 年开始，城市公用设施投资快速放缓。2014 年同比增幅，竟是 - 0.63%。这里没有计算理应逐年增加的公共服务成本，也没有计算新增城市人口的城市化成本。表 6 - 2 还列出了全社会投资完成情况的同比变动数据。全社会投资增幅趋缓局面下，财政如何支持有效投资，考验多方面的智慧。这也说明，补短板对财政

---

① 　Munnell A. H. Infrastructure Investment and Economic Growth. ［J］. *Journal of Economic Perspectives*，1992，6（6）：189 - 198.

赤字和债务的压力会比较大。

表6-2　　　投资完成情况同比增幅：全社会、城市与农村　　　（%）

年度	全社会固定资产投资 完成额：实际同比	城市市政公用设施建设 固定资产投资完成额： 同比	农村固定资产投资 完成额：同比
1991	13.11	40.99	
1992	25.26	65.71	
1993	27.79	84.28	
1994	18.09	27.64	
1995	10.93	21.26	
1996	10.35	17.46	22.40
1997	7.03	20.45	7.50
1998	14.12	29.31	2.90
1999	5.52	7.66	3.70
2000	9.06	18.85	9.70
2001	12.60	24.40	7.70
2002	16.66	32.79	11.10
2003	24.99	42.88	21.80
2004	20.10	6.72	17.40
2005	23.98	17.64	19.50
2006	22.08	2.91	21.60
2007	20.15	11.34	19.40
2008	15.56	14.79	21.30
2009	33.19	44.42	27.30
2010	19.53	25.58	19.60
2011	16.10	4.27	15.30
2012	18.99	9.78	8.30
2013	18.90	6.89	7.20
2014	14.70	-0.63	

数据来源：《中国统计年鉴》（1990—2014）。

三　正在硬化的约束

硬化约束客观上来自存量债务和预算改革。表 6 - 3 展示了 2009—2014 年，中央财政债务变化情况。**首先，新增赤字产生不一样的边际效应。**2003—2011 年间，中国预算赤字率大于实际赤字率（图 6 - 5 和表 6 - 4）。财政持续增收令赤字作用不大。财政盈余连年增加。2012 年开始，中国预算赤字每年用尽，甚至在一些年份开始调入中央稳定预算基金（2014 年为 1000 亿元）。从世界各国的经验看，新增赤字的边际效应不同。一般而言，长时期赤字会对财政支出形成压力。决策部门会有所考虑。比如美国 2009 年的财政预算赤字率为 9.9%，到 2014 年仅设定为 2.8%。财政预算赤字空间大幅减小。欧盟的情况也很类似，欧元区所有国家财政赤字在 2009 年和 2010 年达到峰值，分别为 5813.6 亿欧元和 5892.2 亿欧元。经过一系列的政治约束，2014 年削减至 2609.3 亿欧元。财政风险因此下降。**其次，政府资产负债表对赤字和债务的约束。**中国社会科学院的研究数据显示，2011 年之后，中国国家净资产超过 30 万亿元。2013 年达 35.2 万亿元。虽然中国政府部门债务负担率仅为 57.8%，没有超过所谓的 60% 债务警戒线标准，但是中国全社会债务总水平占 GDP 比重已达 235.7%（2014）。2010 年后，地方政府债务规模（23 万亿元）超过中央政府债务规模（24 万亿元）。**最后，新预算法和地方政府债务问题对未来赤字和债务管理提出新的要求。**2014 年版《预算法》的颁布实施，明确了赤字和债务管理的基本模式。如何约束赤字发生和对债务进行有效管理，这是最新依据。按照疏堵结合、"开前门、堵后门、筑围墙"的改革思路，新《预算法》第 35 条和第 94 条，从举债主体、用途、规模、方式、监督制约机制和法律责任等多方面做了规定，从法律上解决了地方政府债务怎么借、怎么管、怎么还等问题。实际运行过程中的情况也不该被忽视。图 6 - 6 显示了地方政府性债务余额构成情况。可以看到，2010 年和 2013 年两次普查中，市一级财政都承担了超过 40% 的地方政府性债务。从变化趋势看，县一级地方政府性债务占比在上升。

表 6 - 3　中央财政债务情况（2009—2014）

(亿元)

年度	中央财政债务余额：余额限额：预算数	中央财政债务余额：国债发行额	中央财政债务余额：国内债务发行额	中央财政债务余额：国外债务发行额	中央财政债务余额：国债还本额	中央财政债务余额：国内债务余额还本额
2009	62700.00	16280.66	16209.02	71.65	9323.92	9271.40
2010	71208.35	17849.94	17751.59	98.35	10517.72	10500.57
2011	77708.35	15609.80	15386.81	222.99	11076.19	10963.98
2012	82708.35	14527.33	14264.67	262.66	9008.71	8927.56
2013	91208.35	16949.32	16709.33	239.99	7761.38	7617.64
2014	100708.35	17876.57	17588.99	287.58	8957.66	8748.73

数据来源：中华人民共和国财政部中央财政债务情况表（2009—2014）。

表 6 - 4　　预算与决算收支差额及赤字率（2003—2015）

年度	全国公共财政收支差额（亿元）	全国公共财政收支差额预算（亿元）	全国公共财政收支差额/全国公共财政收支差额预算（%）	全国公共财政收支差额/GDP（%）	全国公共财政收支差额预算/GDP（%）
2003	-2934.70	-3198.30	91.76	-2.15	-2.34
2004	-2090.42	-3198.30	65.36	-1.30	-1.99
2005	-2280.99	-3000.00	76.03	-1.23	-1.61
2006	-2162.53	-2950.00	73.31	-0.99	-1.36
2007	-508.43	-2450.00	20.75	-0.19	-0.91
2008	-354.31	-1800.00	19.68	-0.11	-0.57
2009	-9500.00	-9500.00	100.00	-2.75	-2.75
2010	-10000.00	-10500.00	95.24	-2.45	-2.57
2011	-8500.00	-9000.00	94.44	-1.76	-1.86
2012	-8000.00	-8000.00	100.00	-1.50	-1.50
2013	-12000.00	-12000.00	100.00	-2.04	-2.04
2014	-13500.00	-13500.00	100.00	-2.12	-2.12
2015		-16200.00			-2.39

数据来源：全国公共财政收支差额来自全国一般公共预算收支决算表（2003—2014）；全国公共财政收支差额预算、全国公共财政收支差额预算来自全国一般公共预算收支决算表（2003—2015）；全国公共财政收支差额/全国公共财政收支差额预算（2003—2015）来自全国一般公共预算表（2003—2015）；全国公共财政收支差额/GDP、全国公共财政收支差额预算/GDP（%）来自日本研究计算；GDP 数据源自国家统计局（2003—2015）。

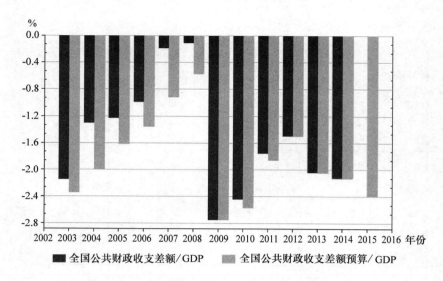

图 6 – 5　预算赤字和实际赤字对比（2003—2015 年）

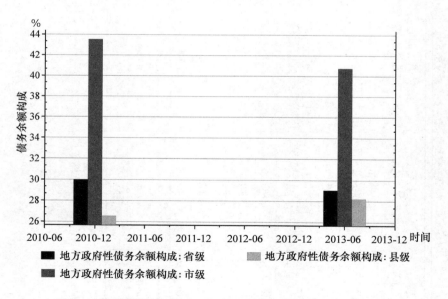

图 6 – 6　政府性债务构成：两次普查中的省市县债务余额变化

第二节　主要问题与关键环节

一　如何促成经济周期与财政周期的协调

中国财政赤字和政府债务问题有自身的特点。正如 Barro（1974）所言，形成赤字和债务的原因有很多，且不同因素在不同时段的影响往往不一样。目前看，经济周期和财政周期是促成赤字和债务规模变动的最主要原因。当然，近期的国际范围内主权债务危机，也在一定程度上产生了间接影响。

经济周期的影响主要是产出变化引发的财政赤字和政府债务规模变动。从经验看，大多数国家的经济周期都对财政赤字和债务规模变动产生显著影响。本质上，经济波动会对借贷关系产生深远的影响。按照 Bernanke（伯南克）和 Gertler（格特勒尔）的说法，借款人在经济波动时的选择是避险，降低代理成本和关注净财富价值是[1]投资低迷的诱因。政府要做的是扩大社会产出水平，于是赤字以及赤字累积而成的负债便产生了。黄赜琳（2005）对中国经济周期和财政政策研究发现，技术进步和政府支出形成了对经济波动的冲击。[2] 但随后，经济波动又导致赤字与债务规模的上升。因此，理解经济周期与财政赤字和政府债务规模的变动要从两方面入手：第一，市场与政府之间的资金传导机制；第二，互为因果循环关系。

财政周期的影响主要是宏观调控走向引发的财政赤字与政府债务规模变动。财政周期主要是基于宏观调控的需要形成的。事实上，过去 30 年，大多数国家鲜有运用财政政策调控经济运行的。因为 20 世纪 80 年代后，以英、美为代表的发达国家，财政盈余不

---

① Bernanke B. , Gertler M. Agency Costs, Net Worth, and Business Fluctuations ［J］. *American Economic Review*, 1989, 79（1）：14 - 31.

② 黄赜琳：《中国经济周期特征与财政政策效应——一个基于三部门 RBC 模型的实证分析》，《经济研究》2005 年第 6 期，第 27—39 页。

足以支撑大规模扩张性支出。加之货币政策数量化工具的更加精确化应用（主要是左右机制），使得财政政策退居幕后。但中国 1998 年以后的财政周期特征明显。一方面，我们开始有了财政盈余，特别是中央财力增强；另一方面，资产价格上升推升了国有资产溢价，国有经济部门做大做强，更有力地推动了宏观调控。财政周期形成的赤字和债务之于以往国家并没有太大区别。这说明财政周期主要是埋单了宏观调控成本。

国际间财政影响主要是通过国际间财政税收约定和国际债券市场定价发挥影响。中国经济的国际化进程不止于产品和服务贸易，还在于国际投资和国家间财政协调。税收领域，我们签订了多项多边和双边协定。收入不再是国内之事。财政投资也不简单是国内行为。国有的政策性银行与财政关系密切。它们的资金或股份都有财政的事情。海外投资的收益和亏损都与财政有关。此外，中国既是债务国又是债权国。我们拥有的大量主权债务（以美国国债为代表），债券价格变动和收益水平波动，都是我国财政收支盈余的影响因素。

二　怎样理解赤字与债务规模的动态特征

赤字与债务管理政策的更新，关键是引入动态的概念。"庞氏骗局"经常被提及。这是一个事实上不存在的问题，即使有一些经济学上的意义。因为没有人能确切知道任何一个国家的确切资产状况，那么即使知道赤字和债务规模，也很难判定这个国家是否应该破产。加之，所有的资产、负债和借款瞬息万变，期限结构和偿付责任都有讨价还价的余地，因此动态特征是多层面的。当然，关于赤字和债务规模同经济增长的关系，十分重要。这决定了财政管理中，到底选择先紧缩财政还是先发展经济。可以说，动态的概念是两个层面的：第一数量化的规模特征，第二规模是否收敛。

赤字是怎样累积的？ 大多数情况下，赤字是财政收不抵支造成的。但现阶段的赤字远比财政收支范围更广。以中国为例，一般公共财政预算、政府性基金预算、国有资本经营预算和社会保险预算都可能发生赤字。因此，广义的债务规模背后实质是广义赤字累积的结果。表 6 – 5 展示了 2003—2014 年其他预算口径结余。这些赤字与图 6 – 5 公共预算赤字一道构成了新增政府债务。更进一步，社会保险基金预算结余在 2014 年停止增长，中国人口老龄化趋势却在加剧。这意味着，该预算当期未有显现的赤字，在未来都是财力缺口。

表 6 – 5　　**其他预算口径下的结余：广义赤字（2003—2014）**　　（亿元）

年度	全国政府性基金结余	全国国有资本经营结余	社会保险基金收支结余：本年	社会保险基金年末滚存结余：合计
2003			547.60	2176.11
2004			1090.06	4069.46
2005			1492.19	5552.47
2006			2105.42	7695.70
2007			2830.26	10550.38
2008			3540.51	14093.85
2009			3594.00	17710.00
2010	2833.86		3760.71	21438.31
2011	1416.52		6880.53	29817.90
2012	1204.03	93.10	7480.00	37540.00
2013	1767.89	151.84	7249.66	44884.08
2014	2649.82	– 6.12	6758.24	51635.19

数据来源：中华人民共和国财政部（2009—2014）。

　　债务规模如何收敛？ 债务规模收敛的最一般解释是在未来某一天能够连本付息还清债务。目前看，这在企业和个人层面还有些许可能性，但在政府层面基本没有可能。因为大多数国家的策略是只要能支付到期利息，就能够通过借新债还旧债的方式接续债务。Hamilton 和 Flavin（1986）按时间序列规则对政府借款约束做了界定，给出了债务收敛的条件。但事实上，债务收敛是财政可持续的重要条件。而财政可承受能力则是一个具有说服力，也更加广义的财政可持续定义（Bohn，1995）。简言之，财政可承受要依靠债务规模锚定财政状况，而进一步考虑财政收支的平稳性，以及政府资产保有量，乃至货币政策才可能更全面和准确地分析出财政风险高低。

三 是什么阻碍了赤字与债务管理的滞后

赤字和债务管理的滞后，很大程度源自我们对一些关键性问题缺乏了解，也源自我们近些年财政压力不大，疏于对赤字和债务的关注。比如欧盟使用的债务规模警戒线，该如何理解把握？这种带有政治协约性质的一致性静态标准，是不是可以真正维持财政的可持续性，进而预防财政风险发生。再比如，中央政府与地方政府的赤字与债务管理该如何区分？二者之间的关联又是什么？怎样构筑稳定的政府间财政关系下的赤字与债务管理体系？这些疑问目前并没有比较可靠的分析解释。事实上，如果能够比较全面回答上述问题，就能够为目前各方面关注的赤字与债务管理改进提供具有价值的意见和建议。

对绝对数量标准过度关注。这个世界上对赤字和债务管理最为著名的范例是，欧盟成员国根据《稳定与增长公约》所做的规定，即以债务负担率60%和年赤字率3%的警戒线为标准①。本研究系统梳理了欧盟关于这一标准的制定逻辑、历史进程和执行情况。归纳起来，这仅仅是一个没有太大约束力的政治协定。首先，静态的警戒线不符合经济学常识，但符合管理的便利性；其次，欧盟成员国对这条警戒线的遵守仅限于一些关键节点。比如近期需要获得救助的"金猪五国"（PIIGS），再比如有些成员国需要加入《稳定与增长公约》的前后差别。欧元区债务危机的解救，发生在近期。大

---

① 欧元区各国政府的财政赤字不得超过当年GDP（国内生产总值）的3%、公共债务不得超过GDP的60%。按照该公约，一国财政赤字若连续3年超过该国GDP的3%，该国将被处以最高相当于其GDP之0.5%的罚款。

家比较熟悉的主要是债权国要求债务国改善财政状况。相对不熟悉的是加入《稳定与增长公约》中的事情。意大利作为世界第八大经济体和仅次于英、法、德的欧洲第四大经济体（世界银行，2015），赤字和债务问题持续多年。为了达到欧盟的标准，1997 年意大利将财政赤字率控制在 3% 以下，但债务负担率没有达标。在此之后的 2004—2013 年之间，意大利债务负担率从未低于 100%，2014 年竟达到 132%[①]。这说明这些绝对意义上的数量标准，本身就有一些问题。维持财政稳定，中国还应该有自己的立场和方式。

不应该只由中央财政负总责。赤字和债务管理的另一个关键性内容，是谁负兜底财政亏空的责任。过去三次的全国地方性债务审计，创新性地按政府偿付责任高低，将现有债务进行了分类，并对不同地区的债务情况进行了统计（见图 6 - 7）。可以说，这项基础性工作的重要性毋庸置疑。但一些关键性的环节，依然需要进一步明确：首先，责任主体之间赤字与债务到底是什么关系？区分中央与地方债务有助于分解债务负担的责任主体。这体现了稳定的中央与地方财政关系。但问题依旧，中央、省、市、县政府各自的赤字

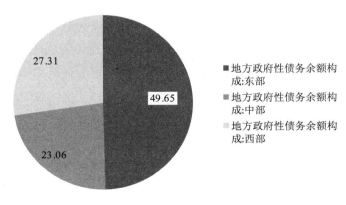

图 6 - 7　地方政府债务构成（2013 年 12 月《全国性政府债务
　　　　　公报》）

---

① 穆迪指数（http：//www. indexmundi. com/g/g. aspx？ c = it&v = 143）。

和债务，是否能完全独立行使偿付责任？其次，现行的政府债务余额管理仅限于中央财政，实际负有兜底责任的地方债如何纳入债务总余额？除了美国是典型的债务限额管理，大多数国家实施债务规模余额管理。中国政府债务余额管理还处在摸索阶段，结合政府间财政关系的内容还比较薄弱。最后，广义上的财政风险防控问题。目前的中国政府财政风险问题，已经大大超出了10年前学界探讨的范畴。地方债务问题有政府间财力分布的因素，也有发展转型过程中的冲击（地方负担的投资建设支出）。近来屡次发生的国外地方政府破产已引起各方面重视。但对地方财政风险管理的探讨依然不足。实际上，地方政府债务负担正在强化地方政府防控财政风险的主体责任。

四　广义债务管理：不同债务分类下的综合考虑

广义政府赤字与债务管理是世界范围内的大趋势。因为只有更多的债务信息集中起来，才能有助于判断分析债务规模是否过限，也才能够全面准确地制定债务管理政策。按照现阶段对广义政府债务的理解，有四个方面的主要内容：赤字分类管理、债务与资产、债务期限结构和国际收支。

赤字分类管理。中国复式预算中的四本预算赤字都要纳入赤字口径。这有助于全国的政府赤字状况分析。考虑到赤字的不同属性，管理政策需要注意一些基本事实。比如公共财政预算赤字会直接累积债务，并可以调用预算调节金；政府性基金预算的支配和管理，部门和地方政府权限更大，与地方和部门赤字关系紧密；国有资本经营预算具有企业法人责任属性，债务和赤字更接近企业财务；社会保险基金预算赤字短期内不会发生（不排除区域赤字可能），长期趋势需要密切关注。

债务与资产。中国政府债务基本严格用于政府投资而非消费。因此，投资产生的资产与债务是有对应关系的。近10年，以房地产为主的固定资产价格上涨迅速。政府资产增值速度并不一定低于债务规模增速。财务管理视角下的资产与债务关系，会更好地诠释债务管理的实质。传统上割裂政府债务和政府资产的做法亟待更新。当然，资产定价的负责性也不能低估。

债务期限结构。中国地方政府债务发行与管理在 2010 年以后全面更新起步。最初 3 年的地方政府债务发行，集中在中央财政代发。期限较短问题制约了债务调期和替换融资平台的步伐。最近兴起的地方政府债务转置，被寄希望于解决历史遗留问题，为真正实现堵后面开前面奠定基础。事实上，政府债务期限结构的灵活性远大于企业。政府持续经营能力和中国政府资产的广泛性，决定了相关工作还有很大空间。

国际收支。国际收支对政府债务的影响主要集中在外债和货币定价两个层面。表 6 - 6 显示了中国国际收支与外债情况。可以看到，2005—2008 年国际收支差额占 GDP 比重有一个峰值。而经常账户差额占国际收支比重差额比重，波动较大。外债方面，2004 年以后，偿债率远低于 15% 的标准；负债率在 2008 年开始低于 10%，2014 年的 8.64% 是 20 年来的新低；债务率从未突破过 100% 的标准，过去 10 年维持在 30% 至 35% 之间。可以说，国际收支环境有利于中国债务管理。货币定价是一个复杂而间接的问题。人民币国际化伴随的人民币汇率波动增加。人民币价格变化对债务影响的传导作用，需要关注但目前不明显。理论上，在资本账户逐步开放和人民币价值重估过程中，政府债务会受到一定的冲击。在一些关键性环节，债务管理政策特别是外债管理政策很可能会更加灵活。

表 6 - 6　　　　　中国国际收支与外债情况（1995—2014）　　　　　（%）

年份	国际收支总差额：占 GDP 比重	经常账户差额：占国际收支总差额比重	外债风险指标：偿债率	外债风险指标：负债率	外债风险指标：债务率
1995	5.50	4.02	7.60	15.20	72.40
1996	5.48	15.34	6.00	14.20	67.70
1997	6.06	63.71	7.30	14.50	63.20
1998	2.45	125.13	10.90	15.20	70.40
1999	2.41	80.30	11.30	15.30	69.50

年份	国际收支总差额：占 GDP 比重	经常账户差额：占国际收支总差额比重	外债风险指标：偿债率	外债风险指标：负债率	外债风险指标：债务率
2000	1.85	91.40	9.20	13.50	52.10
2001	3.92	33.36	7.50	14.70	56.80
2002	4.63	52.31	7.90	13.60	46.10
2003	5.94	43.96	6.90	13.70	39.90
2004	9.12	38.93	3.20	13.90	34.90
2005	10.03	58.13	3.10	12.60	33.60
2006	10.30	82.46	2.10	12.30	30.40
2007	12.69	78.94	2.00	11.10	29.00
2008	10.10	91.29	1.80	8.60	24.70
2009	8.73	55.07	2.90	8.60	32.20
2010	8.65	45.33	1.60	9.30	29.20
2011	5.39	33.89	1.70	9.50	33.30
2012	2.17	117.30	1.62	8.96	32.78
2013	5.21	29.98	1.57	9.40	35.59
2014	2.49	85.17	1.91	8.64	35.19

数据来源：中国人民银行外汇管理局。

第三节　积极稳妥的应对策略

一　将赤字和债务管理纳入结构性改革的总体设计

结构性改革对赤字与债务管理提出了更高要求。第一，应对经济波动，财政赤字和债务很可能要做好成本补偿准备。从以往经验看，英、美两国的供给侧改革都曾积累过一定规模财政赤字和债务。供给侧结构性改革是在世界经济下行周期中展开的。利用好市场机制不等于忽略政府作用。第二，理解财政周期受到人口结构变化和经济转型的影响。社会保障覆盖面和支出强度都在长期上升的通道中。社会保障支出会很快成为民生支出乃至财政支出的主要方向。资金需求经测算才能对赤字和债务管理有所预判。经济转型需要的有效投资还有赖于政府出手。精确化投资是改善投资效益、减轻债务压力的关键。第三，全面审视国家间财政协调对赤字与债务规模变动的关系。我国签署了多项双边和多边税收协定，特别是主要贸易国的关税协定，对财政收支都会有一定影响。中国持有的大量美国政府债券和其他国家债券，存在价格和汇率波动影响。这类收益或损失，应该计入我国广义政府收支变化。

二　精确把握赤字与债务的数量规模和收敛特征

将动态分析框架全面纳入赤字与债务规模管理的政策制定过程。发挥中央制国家在处理财政事务上的优势，避免陷入僵化的赤字与债务规模警戒线管理模式。第一，动态调整年度赤字预算，将中央一般公共财政预算赤字设定在3%—5%浮动区间。浮动赤字是增加预算灵活性的关键。中央政府赤字和债务的可用空间都大于地方。加强中央财政支出责任可以落实在增加预算赤字上。真正实现结构性改革过程中减轻地方财政收支压力。逐步摒弃3%的所谓国际警戒线标准，运用财政预算调节基金增大年度赤字波动。提高财政对改革的支撑能力。第二，辩证理解经济学意义上债务规模绝对收敛的结论，将政府债务规模纳入政府总财富视角考虑。结构性改革推动下的CPI波动和货币发行量变化，都是促成政府债务规模收敛的重要外部因素。因此，债务的绝对数量规模并不代表财政的健康程度与否。结合浮动的公共预算赤字改革，中国政府债务规模的收敛特征和数量标准应该是指数化的形态。

三　全面推进偿付责任划分和债务规模余额管理

将债务偿付责任划分和债务余额管理，作为全面推进赤字与预算管理现代化的核心内容。认识到债务偿付责任划分，有助于稳定中央与地方财政关系。推进债务余额管理，有助于发挥财政政策灵活性。第一，将债务偿付责任划分作为深化财税体制改革的一项重要内容。以建立谁借债谁还款的偿付责任机制为依托，加强各级政府财政风险管理。注意配套事权与支出责任划分改革，不让下级政府被迫借贷。将各级政府债务管理与财政收支约束挂钩，尽快建立省以下政府信用评级体系。为实现真正意义上的各级政府地方自行发债和自主偿还，奠定前期基础。第二，认识到债务余额管理是提高财政灵活度、降低债务管理僵化的可行途径。我国未来的债务规模管理既要遵守预算主管部门的规定，更应体现政府使用债务工具的灵活性。改变中央财政债务发行额小于债务余额的局面。将债务余额管理中的债务规模限额管理和预算差额管理进行全面优化。不到万不得已，不轻易使用债务限额管理，确保债务政策的有效性。提高预算差额管理的时效性。适时解决预算周期与财政周期不一致对赤字和债务规模管理的不利影响。

四　实施广义政府赤字与债务的分类管理模式

现代财政制度不仅是收支活动的口径，而且是赤字与债务管理的全口径。考虑到不同赤字和债务特征，分类管理模式的实行，是精细化财政管理的体系。第一，实施四本预算下的分类赤字管理模式。一般公共预算按照经典的赤字管理办法，注重赤字与债务累积的关系。政府性基金预算赤字关注政府职能变迁与赤字发生之间的关系。国有资本经营预算赤字关注国有资本运行过程中的收益与成本关系。社会保障预算赤字关注社会保障水平提高和覆盖面增大的可承受能力。第二，明确政府债务与政府资产之间的对应关系。全面摸排既有债务对应的政府资产情况。将资产市场定价和资产灵活性，作为判定政府债务风险的重要依据。特别重视跨区域的政府债务和政府资产匹配情况，重视区域性债务风险。第三，全面构筑基于市场机制的政府借贷期限结构管理模式。明确政府发债需要市场认可这一根本原则。运用市场手段倒逼债务期限的合理形成。逐步放宽中央政府规定的地方借贷期限限制，解决期限过短导致的借款使用和偿付不便。将政府债务期限结构优化纳入财政可持续性的研究范畴。第四，注意国际收支变化对政府赤字和债务管理的影响。世界上主要大国都受到过政府债务危机的威胁。但这不应成为减少国际借贷的理由。在国内资金运行成本较高、国际资本价格相对低廉情况下，适时增加外债规模，有利于化解部分政府债务压力。人民币国际化，特别是资本账户逐步放开，将为中国政府债务走出去提供契机。这是人民币参与世界资本市场定价规则的重要环节。一定的外债规模，有助于金融定价稳定和国际收支平衡。

第 七 章

如何实现需求端发力：
PPP 的策略与事实

　　迈入供给侧结构性改革的中国，面临全面转型升级的机遇与挑战。不断探索政府与市场的合作机制，是中国发展历程中一项艰巨而重要的任务。2014 年之后的中国 PPP 模式，不同于以往的各国实践，已然体现出大国转型的具体特征。研究发现，日益上升的高品质公共产品需求和各级政府支出压力，推动了 PPP 项目的快速成长。即使存在地方政府债务压力、合同管理不周全、法律体系部分缺失和各级政府管制过严等现实困难，PPP 项目的数量和合同金额依然大幅超过过去数年。研究认为，未来的制度设计和政策部署，需要立足于发挥市场机制的决定性作用，坚守合营过程中的政府与企业平等市场地位；提升预算拨付与 PPP 项目执行的匹配性；消除地方政府利用 PPP 融资化解存量债务的动机；弥补合同管理和法律体系中的不完备；破除阻碍 PPP 发展的体制机制障碍。

第一节　PPP 项目的中国进展：宏观
指标与政策匹配

　　时至今日，如何建立政府与市场合作提供公共产品的有效模式，依然是一个全新的话题。其根本原因在于，这种合作颠覆了传统的政府与市场分工界限，拓宽了政府的活动范围与行为方式，改变了市场固有的运行状态与交往对象。政府与市场的关系被部分重塑。正是新目标的指引，各国不断探索 PPP 模式的发展方向（Public-Private-Partnership）。已有的进展显示[1]，政府与社会资本完全可以建立长期合作的伙伴关系[2]（世界银行，1994），并以契约精神指引下的合约方式，推动社会资本依据政府的一系列需求及质量标准生产公共产品。

中国的结构性改革正迫切需要类似 PPP 模式的加入。一方面，中国各级政府有参与市场活动的经验，比如财政直接投资公共基础设施和国有企业管理等；另一方面，现阶段的改革任务对质量要求更高——提高政府对社会资源管理效率，被放置在一个显著位置，比如改善市场要素的有效供给（李克强，2016）。当然，我们也要看到，中国推广 PPP 模式仍然面临项目签约和执行率不高、合同管理不完善、政府与市场的风险分担机制不明确等具体问题。如果再将视野放大，那么一些更具有战略性的疑问更有待解答——政府预算管理是否能匹配 PPP 项目特点、地方政府能不能不把 PPP 项目理解成纾解债务问题的工具、政府投资与市场融资如何实现互利共赢等。为此，本章将立足需求端，从 PPP 项目的基本事实出发，为政府与市场有效合作提供政策支持。

一　中国基础设施建设的需求与转型

中国依然拥有比较大的投资潜力，特别是在基础设施建设领域[3]（林毅夫，2014）。按照世界银行对国家发展程度的评估，基

---

① PPP 模式在推动基础设施建设和公共服务改善方面的成效显著。世界银行在其 PPP 项目主页位置的说明显示，1990—2010 年，世界上已有 150 多个国家通过自身努力或者国际合作推出了 PPP 项目，项目总数达到 2500 个，总投资额累积已超过 8900 亿美元。项目的进展带动了公共事业和公共管理的进展。大多数实施 PPP 项目的国家，公共服务水平都有改善。协调 PPP 实施的政府部门更专注于提升公共服务质量。资料来源：http：//ppp. worldbank. org/public-private-partnership/。

② 《1994 年世界发展报告：为发展提供基础设施》和《联合国国际贸易法委员会——基础设施 PPP 立法指南》。

③ 林毅夫：《新结构经济学》，北京大学出版社 2014 年版。

础设施投资潜力被作为国家发展潜力和是否处于发展中国家序列的关键指标。相对于传统意义上，中央政府主导的铁路、公路和重大基础设施建设（俗称"铁公基"），现阶段的基础设施建设与中国经济一样，步入需求转换和供给转型的新阶段。新建和改建占比已超过扩建占比（见图7-1）。整体性、大规模建设步入局部性、中小型基础设施建设的趋势明显。这意味着，有效投资开始逐步取代追赶式的投资模式。以 PPP 项目模式为主导的新型政府投资建设方式，有了更广阔的用武之地。

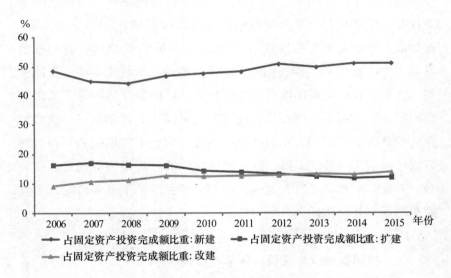

图7-1　固定资产投资完成额比重：新建、扩建和改建

中国固定资产投资受经济波动影响较大，特别是城市基础设施建设。表7-1 显示过去 15 年间（1991—2014）中国固定资产投资同比变化的情况。与绝对数量上的分析相比，增速变化更能体现固定资产投资的增量变动态势。可以发现，相对于全社会固定资产投资增速的平稳增长，城市市政公用设施建设投资在年度间的差异很大。最大值出现在 1993 年，同比增长 84.28%，最小值出现在 2014 年，同比负增长 0.63%。地方政府债务压力大，不能配套属

于地方事权的城市市政公用设施，成为最主要的原因。数据显示，中国 2014 年房地产建设投资约为 9.9 万亿元，与之配套的供水、供气、供暖和基本道路等九大市政领域的总投资额为 1.64 万亿元，不足房地产投资比重的 20%。成熟国家这一比重大约为 1:1。即使后期有资金注入和补偿性投资，短期内市政基础设施不足问题依然突出。

表 7 - 1　　中国固定资产投资完成额同比变化：全社会与城市
市政公用设施建设（1991—2014）　　　　　　（%）

年份	全社会固定资产投资 完成额：实际同比	城市市政公用设施建设固定 资产投资完成额：同比
1991	13.11	40.99
1992	25.26	65.71
1993	27.79	84.28
1994	18.09	27.64
1995	10.93	21.26
1996	10.35	17.46
1997	7.03	20.45
1998	14.12	29.31
1999	5.52	7.66
2000	9.06	18.85
2001	12.60	24.40
2002	16.66	32.79
2003	24.99	42.88
2004	20.10	6.72
2005	23.98	17.64
2006	22.08	2.91
2007	20.15	11.34
2008	15.56	14.79
2009	33.19	44.42
2010	19.53	25.58
2011	16.10	4.27

年份	全社会固定资产投资 完成额：实际同比	城市市政公用设施建设固定 资产投资完成额：同比
2012	18.99	9.78
2013	18.90	6.89
2014	14.70	- 0.63

数据来源：《中国城市建设年鉴》,《中国统计年鉴》(1991—2014)。

中国公共服务类产品的投入亟待补强。过去 5 年，中国财政支出中的民生部分（以教育、医疗、就业和养老为代表）的累积增速，高于公共财政支出增速，更高于 GDP 增速。但是入学难、看病难、养老难等历史遗留问题，没有根本性的改观。有效投入不足成为主要原因。地方财力不足和中央转移制度力度有限，依然困扰着民生福利的改善。2014 年，全国 32 个省份政府财政决算报告显示：广义口径的民生支出占比——最高的山西省为 83.4%，最低为重庆市的占比仅为 50% 以上，两者相差 30% 左右。全国的平均值约为 70%①。还应注意的是，公共服务类产品的投入相对固定资产投资，其建设周期更长（逐步完善），维护使用成本更高（长期雇用劳务），对财政压力也将更大。2015 年，中国各省财政收入情况显示：黑龙江、辽宁和山西，财政收入出现负增长。全国公共财政收支缺口约 2 万亿元。财力紧张的事实再次证明，有效利用有限财政资金并充分利用社会资本的重要性和紧迫性。PPP 项目在改善项目投资运营效率和拓宽融资渠道方面的优势凸显。毕竟，公共基础设施和公共服务的核心不在于占有，而是有效并充足的供给。

二　PPP 项目的分类推进

PPP 项目的核心是政府与社会资本之间通过契约合用方式，联

---

① 2015 年各省市财政决算报告。

合提供公共产品。按照美国政府会计办公室的分类标准，大约有 12 类不同的 PPP 设立模式[①]。世界银行则根据政府与社会资本在项目中的参与程度、主导性和项目类型区别，划分了近 14 种 PPP 项目的运作模式。如果从 20 世纪 80 年代，英国撒切尔政府实施供给改革之初大规模推进 PPP 项目算起，PPP 模式的兴起时间并不长，但是规模发展之快、探索运行模式之多，充分体现了市场机制在公共产品供给中丰富的想象力和多样化的渠道。

中国 PPP 项目起步较早，但依然稳定在水利、交通、市政设施、公共服务和生态环境等经典领域。事实上，早在 1984 年深圳沙角 B 电厂项目中 PPP 项目模式就已试点。借助大型工程和国际组织借款，我国的 PPP 项目在 2000 年以后全面推开。与世界潮流基本一致，中国 PPP 项目延续了"干中学"的传统，比较成功地运用到了北京地铁 4 号线和广州亚运会主体育馆改造等工程项目建设。2015 年以后，中国 PPP 项目在主管部门的推动下快速进展。

2015 年后半年，中国总共实施了 3114 个 PPP 项目，累积合同投资额 5.9 万亿元。如图 7 - 2 所示，市政设施是 PPP 项目的主要构成内容，其次是公共服务。从投资金额看，如图 7 - 3 所示，交通基础设施和市政设施投资是 PPP 项目投资中占比前两位的项目类别。特别是交通基础设施，投资金额占比超过同期其他项目投资总和。

三　政策体系与管理体制

中国 PPP 项目的主要政策大都源于国家对公共基础设施投资建设的总部署。比如 2015 年 10 月，中共十八届五中全会通过的《中共中央关于制定国民经济和社会发展第十三个五年规划的建议》指出"发挥投资对增长的关键作用，深化投融体制改革，优化投资结

---

① 建设—发展—运营（BDO）；建设—运营—移交（BOT）；建设—拥有—运营（BOO）；购买—建设—运营（BBO）；设计—建设（DB）；设计—建设—融资—运营（DBFO）；设计—建设—维护（DBO）；发展商融资（DF）；运营、维护及管理服务合同（OMMC）；免税契约（DFC）；全包式交易（WT）。

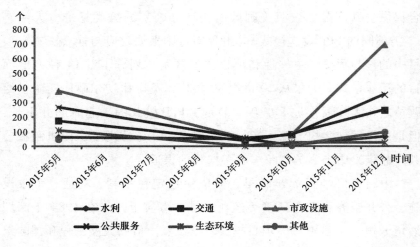

图 7 - 2　PPP 项目数分类统计（2015 年 5—12 月）

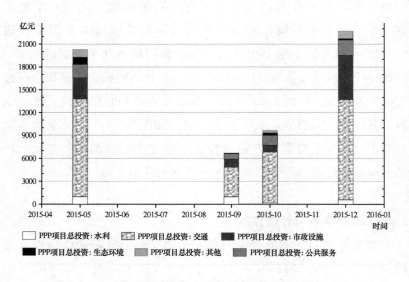

图 7 - 3　PPP 项目总投资金额分类统计（2015 年 5—12 月）

构，增加有效投资。发挥财政资金撬动功能，创新融资方式，带动
更多社会资本投资。创新攻关基础设施投融资体制，推广政府和社
会资本合作模式"。其实，早在 2004 年，《国务院关于投资体制改
革的决定》就提出"逐步理顺公共产品价格，通过注入资本金、贷

款补贴、税收优惠等措施，鼓励和引导社会资本以独资、合资、合作、联营、项目融资等方式参与有合理回报和一定投资回收能力的经营性公益事业和公共基础设施建设"。

PPP 项目是创新财政支出，特别是财政投资方式的重要方式。大量的财政政策[①]，尤其是财政支出与财政体制高度关联。中国分税制财政体制是现行中央与地方的财税关系的重要基础。事权划分和转移支付制度设计，是连接中央与地方政府的主要纽带。进一步，省以下的地方政府之间也存在财政分级的情况。这意味着 PPP 项目的资金运行既有政策指引，也有体制机制的因素。当我们观察 PPP 项目招标、投资、建设和运行各个环节时，只要有财政资金的进入，就不能忽视财政体制对项目的直接影响。事实上，中国 PPP 项目能够进入的领域往往能产生稳定的现金流，投融资渠道本身也比较通畅，比如市政水电暖等工程。一些收益能力差、偿债能力弱的公共基础设施，如绿地景观灯工程，很难吸引 PPP 项目的关注。毕竟利用市场机制，就要理解市场主体的盈利诉求。此外，国家发展改革委员会作为 PPP 项目的主要审批立项单位、住房城乡建设部作为 PPP 项目的建设质量监督单位、中国人民银行作为投融资资金流动往来的信息汇总部门等，其一系列政策都对 PPP 项目的最终成效产生影响。某种程度上，PPP 项目真正发挥效力的前提是主管部门的体制机制运行顺畅。

四 落地与推进过程中的难点

PPP 项目在各地风起云涌，但真正落地并有效推进仍然面临诸

---

① 一些比较重要的政策：《国务院办公厅转发财政部 发展改革委 人民银行关于在公共服务领域推广政府和社会资本合作模式指导意见的通知》（国办发〔2015〕42 号）；《财政部关于实施政府和社会资本合作项目以奖代补政策的通知》（财金〔2015〕158 号）；《关于推广运用政府和社会资本合作模式有关问题的通知》（财金〔2014〕76 号）；《关于政府和社会资本合作模式有关问题的通知》（财金〔2014〕113 号）；《关于规范政府和社会资本合作合同管理工作的通知》（财金〔2014〕156 号）；《政府和社会资本合作项目政府采购管理办法》（财金〔2014〕215 号）；《关于政府和社会资本合作示范项目实施有关问题的通知》（财金〔2014〕112 号）。

多困难。有调查显示，截至 2015 年年底，近千项签约的 PPP 项目真正落地的不足两成。大量的项目在签约、落地、建设和运营过程中，都存在较大的失败风险。不得不说，这对于新生的 PPP 项目模式是一个极大的挑战。那么，我们要看看这些困难具体在哪里。

首先，各地政府财力状况和公共基础设施稀缺性，基本决定了 PPP 项目的推进程度。事实上，中国各地的 PPP 项目进展区别很大。可以看到，位列前三位的分别是新疆生产建设兵团 166 项、河北省 139 项、安徽省 139 项；位列后三位的分别是北京 4 项、重庆 4 项和大连 7 项。

其次，PPP 项目的预算模式并不成型。直接后果是很多建设和回收周期长的项目，社会资本不敢进入，担心资金链断裂风险太高。财政资金的拨付渠道也是个大问题。靠税收的公共财政无力支持。政府性基金收入有固定用途。地方融资平台在法理上已经关闭或者转型。目前看，适合 PPP 项目的中期预算规划依然在讨论过程之中。即使跨年度中期预算马上有了进展，落实到地方层面和具体项目还有比较长的时间。

最后，PPP 项目合同管理分类不完善。经典的 PPP 标准要求将合同划分为服务合同、管理合同、租赁合同、特许权和 BOT 等，如此划分有利于责权利清晰，还有利于纠纷出资。但目前中国各地的 PPP 项目大多快速决策，并急速上马，以遏制投资下滑和经济下滑为目标，很多基础性的论证工作和合同选择工作，都不那么充分。

第二节　国际经验：政府与市场
合作的政策体系

一　世界范围内的 PPP 标准

发达国家的 PPP 模式都有较为先进的经验。这些经验有的植根于自身国情，也是各个国家干中学的结果。中国借鉴所谓世界标准，理应有所选取。政策的经济性也是提高项目本身绩效的重要一环。如果为了一棵树买下整个森林，也不见得是多么好的做法。因此，模式选择和技术环节是我们最想了解的两项内容。

模式选择。大多数国家的 PPP 模式选择是有所侧重的，并且在不同阶段和不同项目上，有模板式的推广程序。在欧洲国家中，法国以合伙经营和特许权合同为主；英国主要是 PFI（Private Finance Initiative）模式①。节约政府开支，促进公共基础设施建设和有效运营是两国实施 PPP 模式的共通点。不一样的是，法国积累了长期的合伙经营和特许权合同管理经验，其技术流程相似度高，项目成功率高而管理成本低。英国的 PFI 模式继承了撒切尔政府时期的私有化运动的衣钵。利用英国高度发达资本市场条件，从基础设施到教育服务广泛引入私人资本参与，甚至跨国资本（中、法合作拿下的英国核电项目就是例证②）。

技术环节。很多年来，法国 PPP 项目只有特许权合同。因为考虑到市场秩序和税收收入问题，没有匆忙地推动其他模式。2005 年以后，为了改善 PPP 项目的覆盖面，合伙经营入列。又为了管理好相对复杂的合同，法国建立了协调部门为合伙经营合同进行事前评估，推动项目预算在政府部门通过。英国 PFI 项目的技术环节要丰富一些。它们利用社会资本不完全是为了填补公共支出的不足。1998 年以后，英国通过专业化的手段评估 PPP 项目的效应，对那些社会资本进入项目的创新性和是否提升公共资金使用效率，进行了全面摸排。那些没有达到要求的项目，被整改甚至退出运营。

二　PPP 项目的分类经验

PPP 项目最通俗的分类是看这个项目是做什么用。相对而言，

---

① PFI 是对 BOT 项目融资的优化，指政府部门根据社会对基础设施的需求，提出需要建设的项目，通过招投标，由获得特许权的私营部门进行公共基础设施项目的建设与运营，并在特许期（通常为 30 年左右）结束时将所经营的项目完好地、无债务地归还政府，而私营部门则从政府部门或接受服务方收取费用以回收成本的项目融资方式。

② 新华网：《中法企业就合建英国大型核电站达成投资协议》，新华社 2015 年 10 月 21 日电（http://news.xinhuanet.com/2015－10/22/c_ 128343784.html）。

传统的按照社会资本参与方式不同划分,略显得书面化。住房、教育、医疗等领域都有大量的基础设施建设需求。在世界银行给出的案例中:发达国家大多是改善性需求,而发展中国家则是填补式需求①。

保障住房领域。发达国家的财政实力相对雄厚,它们拥有更好的金融市场和财政融资空间。大多数保障房建设中,政府的作用是投资和规划。市场则提供专业设计与管理运营。发展中国家的情况复杂一些。大多数国家的财政实力弱小,跨国援助和国际组织帮扶是重要的资金来源。事实上,大多数发展中国家的保障房建设标准不高,设计运营简单。但是发展中国家有很多政治稳定和属地管理等因素,外部系统性风险控制高于项目本身。

医疗保障领域。医院的建设与运营都具有专业化的特点。发达国家的基本医疗相对健全。专科医院建设成为医疗保障发展到后期的侧重点。澳大利亚癌症中心的所有规划、建设和市场融资都来自社会资本。13 亿美元预算中政府预算投入 8.5 亿美元。2013 年项目落成。所有投资方一起参与门诊、研究和教学事务。印度是典型的发展中国家。国际投资公司为梅加拉亚邦的一所 500 个床位医院提供 PPP 项目融资。州政府做两件事:第一,提供 40% 的项目资金;第二,普及医疗保险计划保证患者入院就医。州政府有两项收益:①大幅度提升公共医疗供给水平;②提供医疗教学输出,带动辖区医疗水平。

三　政策体系与管理体制

政策体系和管理体制体现出一个国家或地区的制度传统和治理结构,并存在不同 PPP 模式的适用性。相对而言,政策体系考虑 PPP 项目制的运行特点多一些,而管理体制更照顾既有的行政运行

---

① 世界银行:世界范围内的 PPP 项目(PPP Units Around the World)(http://ppp. worldbank. org/public-private-partnership/)。

机制。无论哪一个国家引入 PPP 项目，一开始都存在适应性不足和政策不断调整的过程。日本和美国在这方面的经验值得一看。

政策体系的分类推进。美国 PPP 项目对市场的依赖程度高。政府部门的政策体系往往根据市场的需求供给，基本没有出现过自上而下的强力推动过程。这也是为什么美国与英国同时起步，制度环境大致类似，但在 30 年时间里，PPP 项目建设数量仅为全世界的 9%（2011）。美国 PPP 的政策植根于架构在政府制度与法律框架中。英美法系案例式的传统，使得每一个项目都有典型性：近期关于州以及交通运输 PPP 项目的讨论[1]，以及芝加哥智能路灯系统的项目引发的对绿色公共基础设施建设的关注[2]。日本分 PPP 和 PFI 两套政策体系。20 世纪初才起始的日本政府与社会资本合营项目，早期主要参照经典 PPP 项目标准实施。后来，日本政府考虑到政府不拥有基础设施所有权带来的一系列问题，主要是管理不善和维护困难。日本的政策体系开始向 PFI 转向。专门的 PFI 法、公共服务改革法案和专门管理制度，构成了项目推进与运行的政策体系。

管理体制的分散与集中。美国具有典型的分散管理特征。这与联邦制下地方负责公共产品供给的体制传统不无关系。虽然早在 1985 年美国就成立了国家 PPP 项目委员会（National Council for Public-Private Partnerships），但其作为一个公益性组织，更多的是负责辅助性工作[3]。分散管理体制中的地方财力状况，很大程度上决定了 PPP 项目的实施进展。西部以加州为代表和南部以佛罗里达为代表的 PPP 项目进展很快。近年来，得州 PPP 项目的迅速建设，得

---

[1]　http：//www.ncppp.org/new-report-examines-state-transportation-p3-laws/.

[2]　http：//www.ncppp.org/chicagos-smart-street-lighting-rfi-attracts-widespread-interest/.

[3]　主要包括：作为公私伙伴关系的倡导者，提供全面、客观、及时和有用的信息，利用公私伙伴关系，向公众提供服务和设施。为了促进公共部门和私营部门之间的沟通，就有关公私伙伴关系的实施问题进行研究。开展公私伙伴关系的教育、培训和其他活动。在支持公私伙伴关系的使用和消除对其执行的障碍方面提供投入。在上述目标的支持下，为促进公私伙伴关系的国际对话提供便利（http：//www.ncppp.org/about/overview-mission/）。

益于石油产业的繁荣。中西部相对落后地区，虽然需要 PPP 项目改善基础设施，但是进展比较缓慢。日本集中管理的特征明显。很重要的原因是国土面积相对狭小，公共服务均等化程度高。日本允许机场、公路、港口等大型基础设施建设采用 PPP 项目模式，但对地方市政道路、供气、供水和供暖设施进行一定限制。这是中央层面鼓励跨区域基础设施更新，与地方政府加强本地基础设施管理共同作用的结果①。

四　普遍性的政策难点与重点

如何维持项目所需的财力。公共财政财力下滑是世界经济整体下行和公共支出刚性增加的综合结果。公共基础设施建设所受到的冲击会更直接。公共基础设施建设规划大都历经多年。各方准备背后的前期投入已经先行。进入工程实施阶段是资金需求量最大的时期。这中间还有大量在建项目和投入运行初期的项目。财力供给不足造成项目滞后甚至失败，既定政策目标无法落实。

如何分担项目责任与风险。PPP 项目的责任分担约定在项目立项阶段十分关键。如何分担责任，与 PPP 项目在实施地的接受程度有关，也与项目本身的参与方有关。根本上是，政府和市场如何打交道。即使是发达国家，这方面的问题依然很多。PPP 项目风险分担是另一个关键。贯穿于项目立项到运行的全过程。市场机制肯定有赢有输。掌握资源和信息多的一方会有风险规避的优势。如何从互利共赢发展到风险共担，始终会是 PPP 项目面临的难题。

如何长期维护合同效力。不同的 PPP 项目的合同管理模式差异较大。合同管理的首要难度真是来自合同复杂性本身。案例式的英美法系在处理差异化合同时有一定优势。大陆法系下的 PPP 合同需要解释内容较多。其次是法治程度。发展中国家的 PPP 项目不同程

---

① 陈辉：《PPP 模式手册——政府与社会资本合作理论方法与实践操作》，知识产权出版社 2015 年版。

度受到行政权力的干扰。不少 PPP 项目失败源自政府的契约失信。

如何协调中央与地方的关系。PPP 项目有跨区域和属地两种。一般而言，中央主管第一种，地方主管第二种。属地型 PPP 项目有一个逆向选择机制难题。越是缺乏公共基础设施，地方越是无力支撑 PPP 项目建设及后期运行。转移支付能解决一些问题，但不是长远办法。PPP 项目存在事实上的不同层级政府之间多个主管部门交叉管理难题。项目建设、资金管理和运营管理分属不同机构。如何协调每个层级政府之间的横向相关部门，如何打通不同层级之间的纵向相关部门，考验的往往是项目推进方的软实力。

第三节　中国模式：通往未来的关键政策

一　PPP 项目的预算制度安排

结构转型大背景下，PPP 项目的有用性毋庸置疑。国内外的成功经验和失败教训有很多值得汲取，也很容易获得。因此，政策完全可以先于 PPP 模式供给，或者做好随时调整准备。预算制度安排是政府支出的核心内容。2014 年年末颁布的新《预算法》，为适合 PPP 项目的中期预算制度建设奠定了一定基础，但距离 PPP 项目高效运行还有差距。结合国内外现状，有以下建议：

首先，杜绝把 PPP 项目当作化解地方政府债务的工具。解决地方政府债务问题的根本办法是开前门。PPP 项目全面推进的显性因素是国家战略下，公共基础设施的政府与社会资本合营。这正好遇到了纾解地方政府债务的关键期。事实上，如果一些政府不能维系的项目和价值不大的工程被推给社会，那么就很容易将资金风险传染到其他经济部门。其次，中央预算制度要为 PPP 项目留下接口。2015 年 9 月，中央财政引导设立中国政府和社会资本合作融资支持基金。介于财政拨款和市场融资的政策性金融空白被填补。回过头来，指向建设项目的专项转移支付，还应考虑到 PPP 项目的长期性特征。中期预算制度可以把 PPP 项目的资金供给作为试点，这比一般转移支付更具有代表性和可靠性。最后，地方预算制度重点考虑对 PPP 项目投资承载能力。与中央财力相对宽裕不同，大多数地方政府化解存量债务的压力较大。城市化进程持续和公共服务质量提高，都是长期加重地方财政负担的因素。弄清 PPP 项目的现金流需求不是那么困难。只是在如何提供公共产品的问题上，地方政府应主要考虑财政的承受能力和资金使用的有效性。

二　PPP 项目的合同管理体系

以契约的方式，建立政府与市场的联系，在中国仍然是新事物。等待我们去铺垫和准备的环节还比较多。这也是为什么近两年来各部门密集出台政府与社会资本合营管理办法的主要原因。合同管理离不开科学的方法。市场能做的交给市场，市场做不了的上级政府有必要提供支持。这也是 PPP 项目最终发挥作用的催化剂。就现实而言，亟须完成三个方面的工作：

第一，全面建立 PPP 合同的分类管理体系。在没有 PPP 专门管理机构的情况下，按时间长短或者政府参与程度作分类标准，有利于项目合同的有效管理。服务合同、管理合同和租赁合同周期相对较短，属于政府投入风险较小的主要形式，可划归一类。特许权和 BOT 是典型的政府与社会资本合营。时间跨度大，社会资本风险责任也大一些，应归入另一类。第二，平等政府与市场之间的契约地位，建立互利共赢和风险共担的管理模式。给予市场契约双方的平等地位，要有法律保障，更要有管理体系保障。将平等契约地位作为吸引社会资本，推进签约率上升的抓手。真正化解市场顾虑，提升 PPP 项目的市场价值。第三，运用更透明的信息公开来化解合同中信息不对称风险。政府和社会资本信息都应有公开获取渠道，特别对于利益相关方。要化解政府财务状况不佳对项目运行的不利影响，可借用预算透明制度建设实施信息披露。市场主体要遵守市场规则，可借用第三方评估机构，出具有效力的资质评估报告。避免双方信息不对称导致的合同风险。

三　PPP 项目的法律体系

法治框架是预防与处置 PPP 项目纠纷的保障。在没有专门的 PPP 法律框架的情况下，我们只能在现有的法律体系中，比如《物权法》等，寻找与 PPP 项目相关的条文准则。形式没关系，关键是落实到实施层面。具体看，PPP 项目的合同中，明确的责权利关系，亟须有对应的法律体系做支撑[①]。主要有三个方面的特点，决定了未来工作的方向：

第一，PPP 合同体系下的法律保障。PPP 项目合同下有大量的子合同存在，包括项目、出资、融资、采购、劳务、保险和运营等系列合同体系。每一种合同背后都有不同的法律权利义务关系。如果短期之内不设置 PPP 专门法律，那么主管部门需要协调司法部门做出相应的司法解释，保证 PPP 项目合同体系有法可依。第二，不同受益人的法律保障。公众、政府和企业三方对 PPP 项目中的期望不一样。作为利益关主体，他们的思维方式和行动策略自然也不一致。为了实现三方共赢，就有必要在法律上进行前期保障。对于合同条款的管理，要体现出对所有利益相关方的公平。法律保护的合同应以此为标准。一些具有明显损害利益相关方的合同，即使已经签订，也应在法律程序上做出无效认定。第三，合同细节的法律保障。合同细节关系到 PPP 项目进展的每一步。现行的 PPP 合同制定，大都依据法律效力相对较低的部门规章。这不仅受制于规定的范围狭窄，而且一旦发生纠纷不容易依法处置。相对于国外大部头的 PPP 项目约定书，我们的合同条款中还存在太多的不确定性。将合同细节进一步依法完善，是法律保障工作的主要方向。

四　PPP 项目的体制机制设计

影响 PPP 项目的体制机制问题还比较多。最为突出的情况就是

---

① 何春丽：《基础设施公私合作（含跨国 PPP）的法律保障》，法律出版社 2015 年版。

主管部门太多。哪个环节出了差错，都可能导致项目迟滞甚至失败。其实，多部门管理如能有机协调，并不是坏事。至少监督管理不会缺位，项目不确定性会因此降低。现实则是，优点尚未发挥，不足已经显现。亟须注意的问题及解决办法如下：

第一，探索多样的 PPP 模式，适当下放项目的各类管辖权。中国 PPP 项目受到地域和财力制约较大。PPP 项目既要关注大型工程的示范效应，也不能低估中小工程将福利输送到社区、乡镇的毛细血管作用。适当下放管辖权，有利于基层政府灵活发起小型 PPP 工程，解决目前城乡基础设施和公共服务不足。第二，将过程管理转变为风险控制，把化解关键性问题作为改革方向。PPP 项目不同于传统政府投资。市场机制有成功也有失败。风险防控重于过程管理。一些地方由于项目土地使用证迟迟不能审批通过，导致项目后续抵押融资困难。类似的问题都是风险防控的关键环节。第三，把提高政府效率和资产利用水平，作为体制机制红利释放。转移制度还有优化空间，对于 PPP 项目，可以探索一般性转移支付和特殊性（专项）转移支付相结合的项目投资模式。这不仅是建设的需要，还有运营的需要。提高项目的审批效率能极大提高项目资金运行效率。政府投资还应注意存量资产盘活，而不是指望 PPP 项目本身来纾解债务。PPP 项目引入的融资渠道，有助于政府资产的跨期流动，缓解债务压力。

第 八 章

如何实现需求端发力：政府购买
公共服务研究

作为推进结构性改革和建立现代财政制度的支撑手段，政府购买公共服务受到各方高度关注。这是一项既涵盖顶层设计，又包括基层方案的全面行动计划，但我们对此的了解和理解并不算多。大量调研反馈发现，政府购买公共服务存在"形象工程"大于实际意义、社会组织薄弱、购买行动各自为政和财政支出提升社会福利不明显等问题。国际经验显示，上述情况大多源自：政府购买公共服务动因不明确、市场环境不完备、体制机制建设滞后和提升社会总福利水平战略不清晰。为此，本研究立足"十三五"规划总体部署，提出四点建议：选准政府购买公共服务的领域；培育社会组织应兼顾供给和需求两个层面；将事权划分作为购买公共服务的基础；实现社会福利总水平与财政资金绩效双提升。

第一节 国际经验：总体走向与形成机制

基于服务业专业化分工深化和服务型政府建设的全球大背景，政府不再是"全能战士"，购买公共服务应运而生。从公共基础设施建设，再到基本公共服务，市场能提供成本更低、质量更高的商品，有限的财政资金完全有可能发挥最大功用。事实上，中国现阶段的财政收支压力增加、公共服务支出占财政支出比重升高等现实，正促使政府有必要加快购买公共服务的步伐。财政收支压力有多大？2015 年，全国一般公共预算收支差额 23551 亿元。与公共服务最直接的民生支出比重占财政支出比重有多高？2015 年，全国一般公共预算下教育支出、医疗卫生与计划生育支出、社会保障和就业支出、城乡社区支出，五项合计 73034 亿元，占财政支出比重 41.6%。这是最窄口径的"民生支出"，不包括一般公共预算中的行政事业支出、社保基金预算、政府性基金预算和国有资本经营预算中的相关服务性支出。民生五项支出不仅占比高，而且增速快。2015 年，五项支出增速的简单平均值为 12.5%，财政收入增速仅为 8.4%①。

战略层面的部署已经先期启用。"十三五"时期，政府购买公共服务将迎来新的机遇与挑战。中共十八届五中全会关于《中共中央关于制定国民经济和社会发展第十三个五年规划的建议》中指出，"创新公共服务提供方式，能由政府购买服务提供的，政府不再直接承办；能由政府和社会资本合作提供的，广泛吸引社会资本参与。"这意味着对接"十三五"规划总体思路，政府购买公共服务的发展方向与路径选择，都会有别于传统思维和做法。财政需要做好相关准备。基于构建现代财政制度体系的大背景②，一套既有顶层设计又有基层方案的政策设计势在必行。为了更清楚地获悉中国政府购买公共服务的实施路径，本章首先从国际经验入手，对一些具有通行模式和成熟做法的国家做系统梳理，其次分析中国现阶段政府购买公共服务面临的主要难点，最后给出发展方向和路径选择。

一　购买公共服务的动因

如何在建设福利国家道路上，既经济实惠又高效运行，是摆在二战后大多数发达国家面前的难题。供给侧改革下的英国和美国具有一定的典型性。英国经历了三次重大转变（历经撒切尔、梅杰和

---

① 数据来源：中华人民共和国财政部《2015 年财政收支情况》，2016 年 1 月 29 日（http://gks.mof.gov.cn/zhengfuxinxi/tongjishuju/201601/t20160129_1661457.html）。

② 高培勇，《中国财税体制改革的新阶段》（http://naes.org.cn/article/35954）。

布莱尔三任政府）。影响最大、波及面最广的要数撒切尔政府时期的改革。1979年，撒切尔夫人上台，其激活市场的供给管理策略，令英国的很多事情都发生了转变，包括福利制度。削减福利开支、降低社会运行成本、激活就业和创新，很快改变了英国政府的角色和整个经济运行态势。国有企业股份被广大民众认购，经营活力大增。更重要的是，随着经济复苏而增加的民众财富，及时填补了福利支出下降的空缺。这并不是故事的全部，精彩延续到购买公共服务领域。政府开始大规模采取"有计划退出"和"强制性竞争招标"的方式，来抵御供给改革过程中的财政收入下滑。公共产品供给效率提升弥补了收入减少导致的财力不足。里根时期的供给改革，同样推动了美国政府购买公共服务的步伐。在大规模利用市场提供公共服务之前，美国政府压力非常大。一方面是支出刚性持续增加。1981年，美国联邦、州和地方三级政府的社会福利支出占总预算支出的57.6%，占GDP的18.7%。其中，联邦政府负担了总支出的54.4%，占GDP的11.5%。另一方面是公共服务供给低效。公共服务效率低下和供给质量不高，引发了各方的极大不满。为了激活政府效能，里根大幅度削减了联邦政府直接提供公共产品的范围，将余下的资金委托给专门机构。虽然里根政府后期依然留下了大量的政府赤字和债务，但是政府购买公共服务的举措，大幅度改善了受众的满意程度①。

二　市场环境塑造

如何找到合适的公共服务长期供应商？事实上，并不是所有需要的公共服务都能买到。供应商的品质及稳定性很大程度上决定了政府购买公共服务能走多远。美国的非营利组织作用和德国政府的长期合作机制具有代表性。美国非营利组织或者称之为第三部门的

---

① 张汝立等著：《外国政府购买社会公共服务研究》，社会科学文献出版社2014年版。

作用非同寻常。1975—2015 年间，美国非营利组织快速成长，总数超过 200 万个。这个数据在 1950 年仅为 5 万个。政府—社会—市场，三者之间的稳定架构形成。市场机制得以平滑对接公共需求。不仅是有公共需求，而且非营利组织本身实力不凡。早一些（1995）的数据显示，其资产总额高达 1.9 万亿美元，收入达8990 亿美元。在青少年教育服务、养老居住、医疗、残疾人服务、心理健康服务和贫困救助等诸多领域，政府大量依靠非营利组织提供的公共服务。同时，为了培育这些服务机构的良性运转，既要直接的税收减免，又要在整个财政政策上予以倾斜。比如，2000 年以后，非营利组织的资金来源除了政府购买，很大一块来自捐赠。这些赠予可以抵扣个人或企业所得税，乃至州一级遗产税。这种政策设计大大激发了社会支持非营利组织的热情，使得非营利组织前景光明。德国是社会民主主义的发源国，最早的社会保障制度诞生于俾斯麦时期。政府购买公共服务范式着眼长期性。主要集中在长期护理服务、长期就业服务和长期青少年服务三个领域。服务于这三项的市场机构，要经过严格的资质准入筛查，方能获得长期合作约定。为了消除市场主体的后顾之忧，德国政府购买公共服务立足种类细分和价格阶梯。这意味着，多层的政府购买可以激发市场主体提供优质服务（质优价廉），也有利于兜底市场主体不断改善服务质量。当然，当市场供给方达不到政府基本要求的时候，市场出清机制会发挥应有的作用。落后的服务也是该淘汰的产出。

三　体制机制建设

如何协调行政体制并建立购买机制？牵涉到谁来负责、谁来购买等具体问题。考虑到不同层级之间政府需求不同，财力状况不一致，因此体制机制设计直接关系到政府购买公共服务的成效。瑞典的事权下移和美国的收入与支出挂钩，具有一定的代表性。瑞典作为"北欧模式"代表，其社会主张的平均主义和政府秉持的

"父爱"主义，落实到福利政策上就是对每个人实施"从摇篮到坟墓"的关照。20 世纪 70 年代以后，这种大面积、高成本的福利模式开始面临挑战——经济增长放缓（1971—1983 年经济增长都在 2% 左右）、受救济家庭数增加（从 1974 年 22 万户到 1984 年 29 万户）等。为了提高公共服务的供给效率，瑞典政府一方面发挥市场的力量；另一方面改革行政体制。传统上，中央政府大面积负担社会福利每个细节，绕开地方政府，精确到个人。这种做法削弱了基层的积极性。为此，瑞典开始事权下放，比如《医疗卫生服务法案》（1982）规定主体责任在省一级；老年人和残疾人照顾被下放到市一级，辅之以中央财政转移支付。1993 年之后，为了提升服务质量，瑞典中央政府注意营造地方竞争机制，将服务质量与财力转移挂钩。美国体制机制建设具有典型的联邦制国家特征。由于财政分权相对完备，美国每一级地方政府的职责范围基本由法律固定下来。这是多年各级政府之间谈判与磨合的结果。公共选择理论是促使地方政府提高公共服务质量的理论基础。收入与经济挂钩、更与辖区民众收入财富水平挂钩。政府公共服务上佳，自然能吸引更多的民众。人多了、特别是有收入能力和财富居民的增加，地方税收也会有保障。老百姓自由迁徙、"用脚投票"客观上推动了公共服务的差异化供给。相对稳定的政府间财政关系，也有利于各级政府将主要精力集中于服务辖区民众。

四　提升总福利水平战略

如何在财政可持续框架下找到渐进式的福利提升路线？大多数国家的经验证明：不恶化财政收支的可持续性，才可能使提升福利战略走得更远。20 世纪 70 年代以后，两次经济危机导致全球经济普遍下滑。面对财政增收乏力，发达国家很快放弃了财政刺激经济的凯恩斯主义政策，但削减公共支出则要一段时间。福利政策惯性很大程度上助推了各国政府债务规模增加。中央政府债务的压力最大。欧洲和美国的总体情况不必赘述。二者不同的是，时至今日欧洲大多数国家债务更多体现的是主权债务，这是欧洲一体化的结果；美国政府的债务——联邦政府规模虽大但疏解渠道多（比如调整债务限额），地方政府规模各异但已有破产（比如底特律和加州一些地市）。这说明，政府公共服务的覆盖范围，推进程度要量力而行，更要注意财政受经济波动的影响。不得不讲，政治人物为了胜选，采取不断累积的福利承诺，确实不利于渐进式的福利提升路线（比如西班牙、希腊、意大利等）。相对而言，政府更替速度较慢，经济和福利政策更为稳定的国家，财政状况都要好一些。提升福利的政策部署也更具有长期性和可持续性（比如德国）。美国政府对福利支出的理解，与大多数发达国家不太一样（主要是欧洲国家）。得益于市场机制发达和人口结构优势（美国人口替代率长期维持在完美的 2.1 水平），美国政府购买公共服务背后，鼓励民众购买补充商业服务。这些服务涵盖医疗、养老和失业等多个领域。政府支出由直接支付转变为对购买商业保险减税或者税收抵扣，较为成功地实现了财政支出撬动福利提升。此外，一个更大的正外部性是，这样的福利政策基本做到了扶危济困，不养懒人。

第二节　中国问题：四个亟须转变

一　转变各级政府把购买公共服务当"形象工程"

自 2013 年国办 96 号文件颁布起，向社会力量购买服务被作为一项重要工作开始推进。截至 2014 年上半年（6 月），全国省级政府依据"96 号"文件精神制定了实施细则。2014 年年底，财政部联合民政部、工商总局制定了《政府购买服务管理办法（暂行）》[①]。一系列具有可操作意义的法规，为全国范围内政府购买公共服务提供了参照。2015 年，大量省及以下的政府购买公共服务

---

① http：//zhs. mof. gov. cn/zhengwuxinxi/zhengcefabu/201501/t20150104_ 1175300. html.

实践陆续铺开。北京①、福建、安徽、四川②、上海③相继在公开购买流程、规范购买服务、政策配套推进、扶持中小城镇、注重项目管理等方面迈出了步伐。客观讲，这是各地落实中央精神，推进政府购买公共服务的实质性举动。但也应看到，现有的政府购买公共服务依然停留在"依葫芦画瓢"的初级阶段。无论是业已颁布的实施细则，还是落实到位的购买服务，都与预想存在差距。一些原本多年前就开始外购的公共服务——如市政保洁绿化、农田水利基础设施维护等，披上政府购买公共服务的新外衣后，也纳入上报内容。"新瓶装陈酒"的情况，并不罕见。此外，还有资料显示，某些地方认为既有工作部门和人员能够提供的服务，没有必要按采购目录规定购买；现有的预算安排和采购制度，没有做好大规模政府采购服务的准备等④。这都阻碍了政府购买公共服务走向更广阔的领域。

二　转变社会组织弱小参与程度较低

政府购买公共服务需要承接方提供，但甲方"待"在那里，乙方却不知道"躲"在哪里。供给方规模小、资质差、稳定性不足，客观上都抑制了政府购买公共服务范围的扩大。社会组织被认为是政府购买公共服务的主要选择。据中国社科院社会政策研究中心《中国慈善发展报告（2014）》披露：2013 年，全国各级政府购买社会组织服务的总资金达到 150 多亿元。⑤ 这一数字仅占当年全国

① http：//fgs. ndrc. gov. cn/xtjl/201507/t20150724_ 742767. html.

② http：//gjs. mof. gov. cn/mofhome/mof/xinwenlianbo/sichuancaizhengxinxilianbo/201510/t20151014_ 1501837. html.

http：//gjs. mof. gov. cn/mofhome/mof/xinwenlianbo/sichuancaizhengxinxilianbo/201510/t20151014_ 1501851. html.

③ http：//www. mof. gov. cn/xinwenlianbo/quanguocaizhengxinxilianbo/201406/t20140612_ 1098216. html.

④ http：//www. mof. gov. cn/xinwenlianbo/jiangxicaizhengxinxilianbo/201505/t20150507_ 1228244. html.

⑤ http：//china. caixin. com/2015 - 09 - 21/100854046. html.

公共支出 14.02 万亿元规模的 0.106%。另一份地方性的调研显示：广州、合肥、贵州、上海、西安、昆明等地的 188 家民间公益组织，其中仅有 54 个机构曾被政府采购公共服务，约占整体的 29%。没有获得政府购买服务的共有 111 家。其中，没有申请资格的占 24%（39 家）；不了解申请信息的占 19%（30 家）；组织业务不在支持范围内的则有 15%（24 家）①。可以看到，现行体制对社会组织资质门槛要求较高。政府部门评估购买项目往往首先看资质，再看服务本身。这在很大程度上制约了社会组织的发展，特别是一些具有公益性质的民间组织更是难以参与其中。类似的研究，还有财政部综合司、国家发改委社会发展司和民政部民间组织管理局联合调研的"上海报告"。此外，资金下拨不利，合同执行方面的问题②，也制约着社会组织的发展。上述资料从不同层面佐证了培育社会组织的任务紧迫。

三　转变购买公共服务各自为政

各自为政的情况，往往源自政府购买公共服务的多元化和复杂性。如果将现有主要公共服务进行分类，可以发现：其中一类具有"专属性"特征——一般以技术或属地作为划分；另一类具有"普遍性"特征——一般为事务性或辅助性工作。将上述工作分类比较容易，颁布采购目录也不困难③，但哪些部门该在什么情况下采购何种服务？这类微观具体问题，则是接下来的棘手环节。这是政府购买公共服务的"最后最难的一公里"。理论上，政府购买何种公共服务，很大程度上取决于事权划分。以最基层的社区管理为例，卫生保障、公共文化、劳动保障、困难群体帮扶和孤残养老④都是

---

① 2015 年 9 月 18 日，广州市海珠区益友社会组织信息中心联合其他 5 家组织共同发布《政府培育社会组织政策创新 6 地调研总报告》。
② http://jrs.mof.gov.cn/zhengwuxinxi/zhengcefabu/201501/t20150119_1181717.html.
③ http://www.xxcb.cn/event/hunan/2015-10-14/9021723.html.
④ http://shs.ndrc.gov.cn/shfzdt/201510/t20151012_754278.html.

工作范围。实际上，省、市、县各级政府，以及具有公共服务职能的卫生、医疗、文化、劳动与社保部门，如何有机互补地购买公共服务，而非各自为政，需要统筹管理，更需要协商处理。这中间的硬约束来自预算管理和支出规模控制，而软约束则是各自的部门利益。现实中，项目主管部门与资金主管部门的不同立场亦需要化解：到底是采用以财力性转移支付为主，发挥地方了解公共服务需求的优势，还是以专项转移支付为主，严格管理资金流向及项目成效，都是值得探讨的关键问题。

四　转变财政支出水平与社会总福利水平不同步

2007—2014 年，我国公共支出年均同步增速超过 20%[①]。这一增速高于同期的世界平均水平。进一步看，与提升社会总福利水平最为紧密的民生支出重点领域，同步增速甚至高于同期公共支出平均增速。上述的财政增支努力，换来了全国范围内基本公共服务的逐步均等化，特别是基本社会保障体系的初步建立。但也应看到，入学入托难、养老看病办事难等现象，依然普遍。大量惠及民生的财政支出所产生的福利效应并没有发挥很好的效果。可以说，改善社会总福利水平除了增支，还有待增效。尚需注意的是，经验研究表明，民生支出刚性远高于其他（如公共设施建设）领域。服务民生的劳动力成本上升及受众人群福利诉求提高，都是加重财政负担的长期因素（"冷战"后，美国国防支出省下的财政资金，大部分被教育与医疗两个支出领域瓜分）。这说明，在经济中低速增长、财政收入增速同步降低的大背景下，依靠粗放型增加支出来提升社会总福利水平的回旋余地将越来越小。找寻并建成一套既有利于财政可持续，又可以不断增进民生福利的制度体系，才可能不走今天发达国家的福利陷阱。政府购买公共服务的方式，便是提升财政支出的绩效选项之一。

---

①　http：//dc. xinhua08. com/193/c = &ofcdia = .

第三节　发展方向与路径选择

"十三五"发展战略，对政府购买公共服务提出了更高要求。一套激励相容的政策设计，既应包含顶层规划，也应涵盖基层方案。只有兼顾各方利益，让与政府购买公共服务相关的决策部门、供给方和需求方都获得福利改进，方才可能推动这项改革，走得更远、做得更好。

一　选准政府购买公共服务的领域

大政府意味着大财政。政府去做的事往往都要求财政资金跟进。目前看，各级政府负担的公共服务范围还比较大，有待改进的地方也比较多（有的需要拓展、有的需要收缩）。但目前这种列出政府购买公共服务目录的做法，在逻辑上显然跳过了一个步骤——盘算"政府哪些事情做不好，或者哪些事情直接由政府做不划算"。这些事情往往具有如下三个属性：其一，信息不对称较高的公共服务——"不好做的"；其二，专业程度较高的公共服务——"效率低的"；其三，便于监督和检查的公共服务——"易监管的"。如以此为标准，那么现阶段各级政府购买公共服务的计划，还比较随意。为了将该做的和不该做的区分开，有三条建议：首先，财政部等相关部门制定的管理办法应该是通行规范，没有必要重复摘抄于地方条例当中。过程透明、全程监督等都是必做的规定动作。引导地方规定集中于自身的薄弱环节，比如西部省区基本公共服务能力还比较弱，扩大覆盖范围仍然是在有限财政资金下，政府购买公共服务的重点方向；再比如东部省区，或将提高公共服务的品质和改善非户籍人口的基本公共服务，作为未来一段时期的努力方向等。其次，将公共服务的"提质增量"作为考核地方和部门的标准，才能促使各方面积极引入政府购买公共服务，用以改善目前的供给绩效。比如教育支出领域的师生比、升学率；卫生支出领域的人均病床占有数、治愈率；养老服务领域的单位老龄人口拥有的护理机构数、护工人数等，如何测算、评估、再利用，都是亟待开展的工作。最后，政府购买公共服务不能成为新的腐败温床。各国经验表明，地方和部门之间的熟人"寻租"往往很难管控。政府购买公共服务，应立足选择从一些容易被公众和第三方部门监督的服务入手。

二　培育社会组织应兼顾供给和需求两个层面

社会组织被冠以政府购买公共服务的乙方。实际上，这之中还包括大量的企业和其他机构或个人提供者。因此，社会组织的定义应是非官方的公共服务供给方。培育社会组织的任务，已写进"96号"文件及随后的诸多法规当中。但如何培育社会组织、优先培育哪些类型的社会组织，依然有待"干中学"。归纳起来，有四个方面的情况需要注意：第一，政府向社会组织提供的公共服务，是一种卖方竞争大于买方竞争的市场活动。这意味着，交易中的社会组织市场地位不可能高。掌握行政、司法和执法权力的政府，作为买方往往具有先天的市场优势。限制政府的市场优先权，应该作为下一步政策制定的起始点。第二，类似于中央财政服务业发展基金等专项支持计划①，应优先支持提供政府公共服务的弱小社会组织。一些具有福利性质的公共服务提供方，比如养老院、幼儿园、医疗康复机构，一方面要有税费政策方面的优惠；另一方面要构筑便利的 PPP 运营模式和专项发展基金使用通道。第三，建立一套稳定支付社会组织的财政资金运行办法，尝试部分预付费授权制度。公共服务提供不同于实物商品，大量的资金流动用于劳动力成本的支付。几乎没有存货占款的社会组织，对资金兑付的及时性要求相对较高。但财政预算拨付与企业资金往来的时间差异在所难免。尝试预付费授权制度，类似于信用卡授信，可在一定程度缓解社会组织

---

① http：//jjs. mof. gov. cn/zhengwuxinxi/zhengcefagui/201508/t20150804_ 1402396. html.

占款顾虑及资金压力。第四，社会组织的法人资格、注册资本准入门槛和合同纠纷处理等问题，需要多部门协调。支持服务业发展的财政资金，可以尝试充实到股本金或保证金领域之中，加速社会组织的规模化。

三　将事权划分作为购买公共服务的基础

各级政府之间、部门之间的职能交错会长期存在。建设彼此配合协作机制需要时间。政府购买公共服务依赖于事权与支出责任划分的结果。随着时间变化，这些支出范围会呈现动态的拓展或收缩。考虑到城镇化和经济转型的影响，政府特别是基层政府购买公共服务的数量和质量，都有长期扩张的趋势。海量、多样的公共服务需求，是目前这种以项目为单位的购买模式难以穷尽的。按照建立现代财政制度的设想，建立在财力性转移支付体系上的政府购买公共服务，更易激发地方政府积极性，也更有可能促进公共服务有效供给。为此，有三个方面的建议：第一，协调发改委设立可调整的、标准化的不同层级地方政府采购目标大分类目录，允许地方政府因地制宜选择采购项目。解决目前不同层级政府自主购买服务无章可循的困境。第二，将新《预算法》实施细则与政府购买公共服务适当对接，鼓励地方性的落地政策。合力推进预算改革和政府购买公共服务改革。第三，有步骤、分地区、分类别地推进不同层级政府购买公共服务。不让政府购买公共服务过快加重地方财政压力。注意管控地方政府债务及支出刚性增长。此外，要善于结合盘活财政库底资金的专项行动，探索新增资金支持增量任务的可行办法，解决预算约束问题。

四　实现社会福利总水平与财政资金绩效双提升

将政府购买公共服务改革，作为解决多年来，财政支出绩效无法大幅度提升的契机。事实上，如何提升财政支出绩效不仅是中国的课题，而且是世界各国的难题。欧洲花样繁多的社会福利支出，造成的后遗症不少：低就业率和支出刚性增长。其后果便是众所周知的增长乏力和债台高筑。美国虽免受人口老龄化影响，但如果剔除商业保险，其福利体系并没为真正需要的人提供多么完备的照料。公共基础设施建设更是早已不在日常财政支出的供给范围。我们应该吸取这些教训，不走财政不可持续的歧途。未来工作的重点是：财政收入增速的"个位数时代"，把钱花在刀刃上，逐步提高每一块钱的福利效应。为此，首先，应该优先将政府购买的公共服务，集中在民生支出领域。对于医疗、教育等方面的支出，有计划地在不同层级政府中增加购买比重。研究比较购买前后的社会福利变动程度（已有成熟的研究方法），逐步提升财政支出的绩效水平。其次，做好各级财政支出与收入的大致预测工作，避免政府购买公共服务的资金链断裂。作为市场参与者和公共服务的持续提供者，尽可能不中断服务供给和资金支付。因为任何环节的资金迟滞，后续补救的成本往往会很高。再次，把政府购买公共服务作为精简行政事业支出的抓手，连同人事部门改革，逐步削减冗余人员经费支出。把花钱养人做事，转变为花钱找人办事。最后，将政府购买公共服务做成"十三五"财税改革的亮点。将财政资金绩效提升带动的社会总福利水平提升，作为工作的基本立足点。既注重微观基础的培育，又体现宏观规划的战略。

第九章

驱动结构性改革："营改增"的政府间收入分配效应

本章采用税务部门细分类数据（2007—2013），运用税收收入弹性方法，追踪"营改增"试点前后，分区域、分产业和分行业的税收收入弹性变动趋势。这些弹性变动情况表明，既有的国地税收入分配格局、区域间税收收入分布和产业税负状况，对"营改增"的实际效果产生了显著影响。研究认为，缩小工业增值税与商业增值税之间的收入弹性差异，并保持各类税收收入弹性的平稳，将有助于缓解政府间收入分配的失衡。

第一节　"营改增"对政府间收入分配的重构

营业税改征增值税是近 10 年来财税改革的重头戏。作为结构性减税的主要办法，"营改增"自 2012 年推进至今成效显著。按照财政部和国家税务总局的测算，"营改增"自交通运输和部分现代服务业开展试点以来，4 年累计减免增值税 6000 多亿元。2016 年，"营改增"全面推开之后，预计全年减税金额将超 5000 亿元。① 为什么要给现行税收收入排名第一的"增值税"和排名第三的"营业税"动手术？最根本的原因，一是为经济转型升级卸下税收负

① 国新办举行全面推开"营改增"试点有关情况吹风会（http://www.scio.gov.cn/xwfbh/xwbfbh/wqfbh/33978/34380/index.html）。

担；二是为完善税制打开通道；三是促进政府间财税关系调整。如果说过去 3 年，"营改增"是在逐步覆盖原属营业税的所辖范围，那么这次决定的全面推开，直接将固定资产抵扣和增值税分成的问题一并纳入改革范围。步伐之大、需要解决问题之多，超过预期。正如李克强总理所言，将结构性减税的"红包"落袋于企业，除了制度和税率的科学设计，激发各级政府的积极性尤为关键。

要让"营改增"不走样，就要重新制定增值税收入分成的比例。如何实现既维持地方支出需要又真正减税的政策目标，十分不易。本研究将在以往结构性减税和税制优化策略的基础上，重点分析过去一言带过的政府间财税关系调整问题。主要测算"营改增"前后，分地区、分产业和分行业的税收收入弹性变动及其影响。特别关注地区经济发展不均衡，产业结构不同和行业特征差异下，"营改增"引致的政府间收入分配效应。期待研究结果能够支撑未来的事责与财力划分，推动形成更加稳定的中央与地方财税关系。

一　广义的收入分配效应

税收的收入分配效应，不仅存在于政府部门与居民部门之间，而且存在于各级政府部门内部[1]（高培勇，2015）。中央与地方财税关系一定程度上体现在收入分配关系之上。如果说转移支付位于再分配环节，那么税种设计和收入分享则位于初次分配环节[2]（杨志勇，2015）。制度设计上，如何将实质上的"分钱制"转化为真正意义的"分税制"，是 20 多年税制改革未完成的目标。"十三五"规划提出的事责与支出责任划分，是对过往改革的继承与延续[3]（王玮，2011）。回溯历史，"94 税改"提出的提高税收收入

---

[1]　高培勇：《论完善税收制度的新阶段》，《经济研究》2015 年第 2 期，第 4—15 页。

[2]　杨志勇：《分税制改革中的中央和地方事权划分研究》，《经济社会体制比较》2015 年第 2 期，第 21—31 页。

[3]　王玮：《我国政府间税收收入划分模式的选择——以共享税为主还是完全划分税种?》，《财贸经济》2011 年第 7 期，第 19—23 页。

占 GDP 比重和提高中央财政收入占财政总收入比重的两大目标，之所以能够达成（见图 9 - 1），很大程度源自增值税的有效推行和增值税分成办法的完美实施①（贾康，2008）。原有增值税体系下，中央与地方 75∶25 分成的做法沿袭多年。可以看到，增值税虽说是共享税，但其实际上是中央拿得多、地方拿得少。相反，传统意义上的营业税，完全归地方政府所有。一旦"营改增"全面落地，营业税就将退出历史舞台。那么在理论上，地方财政第一大税种——营业税收入将会转化为新增值税的一部分。如若分成比例不变，那么其中的 75% 直接进入中央财政。这也是为什么"营改增"推进至今，地方政府始终担心财力被削弱，也一直比较抵触、积极性不高的原因。

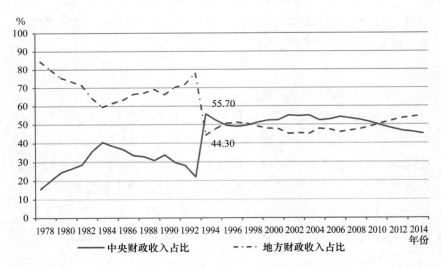

图 9 - 1　"94 税改"对中央与地方财政收入分配的影响

二　经济增长与税制结构的影响

"营改增"的收入分配效应，应具体到经济增长和税制结构的

①　贾康：《中国财税改革 30 年：简要回顾与评述》，《财政研究》2008 年第 10 期，第 2—20 页。

层面。第一，以产业增加值为税基的增值税，得益于经济的高增长和税制的先进性。高培勇（2006）[①] 在中国税收收入高增长之谜假说中指出：经济增长、税制优化和征管效率提升是推升税收收入持续快速增长的主要动因。吕冰洋和郭庆旺（2011）[②] 实证检验了上述假说，他们认为有三方面的原因可以进一步解释税收收入高增长：分税制的税收分权契约性质具有强烈的税收激励作用；间接税的制度设计放大了纳税人的纳税能力；我国正处于"税收增长红利"集中释放期。数据能作证上述的判断。具体到增值税，1994—2015 年，增值税收入同比增速的年平均值为 13.34%，与同期税收收入增速大致相当。增值税增收带动了税收乃至财政的增收。第二，增值税和营业税总收入占比高。2015 年，国内增值税和营业税合计 50422 亿元，占税收总收入的 40.37%。其中，营业税收入 19313 亿元，同口径增速 9.3%，高于同口径一般公共预算收入增速 5.8%。同期，增值税收入增速下滑了 0.5%。可以说，从经济增长、税收来源、收入体量及同比增速等多个层面看，营业税与增值税之间的改革波及面很广。

三　收入分配效应背后的税收收入弹性

分解税收收入弹性并动态追踪其变化趋势，有助于准确把握"营改增"的力度和节奏[③]（何代欣，2014）。而这样的分解，第一步要从税收收入的总体格局入手，进而分析产业和行业税负变化，最后得出增值税收入变动的收入分配效应。首先，税收收入增速和 GDP 增速之比，被称为税收收入弹性。这是衡量税收增收能力的重

---

① 高培勇：《中国税收持续高速增长之谜》，《经济研究》2006 年第 12 期，第 13—23 页。

② 吕冰洋、郭庆旺：《中国税收高速增长的源泉：税收能力和税收努力框架下的解释》，《中国社会科学》2011 年第 2 期，第 76—90 页。

③ 何代欣：《营改增力度、节奏评估与政策改进的下一步》，《改革》2014 年第 3 期，第 123—129 页。

要标准（Craig、Heins，1979）[1]。1994—2015 年，中国税收收入弹性的平均值是 1.72。税收收入增速远高于举世瞩目的 GDP 增速。增值税作为税收收入主要来源，其弹性变化受到产业增加值的影响（Keen、Mintz，2004）[2]，也受到国地税征管分工的影响。其次，增值税和营业税在行业间负担情况不同。理论上，商品或服务的弹性决定了税收归宿。供给弹性大、需求弹性小的商品处于优势地位，税负容易转嫁，税收负担自然更低。反之，供给弹性小、需求弹性大的商品处于市场劣势，税负不易转嫁，税收负担自然更高[3]（Fullerton、Metcalf，2002；Gordon、Li，2009）。现实中，传统增值税所在的工业部门和传统营业税所在的商业部门，承载的税负就不一样[4]（Lin，2008）。"营改增"之后的税收收入弹性很可能会有比较大的变化。最后，区域间税收收入弹性差异，造成了同样的经济增速不一定能贡献大致相当的财政收入。中国幅员辽阔，区域间经济发展不均衡与财力不平衡之间彼此关联且相互影响。在此基础上的"营改增"将进一步影响区域财力分布和未来经济发展。从这个意义上讲，要促进地方积极推进"营改增"，测算税收减少程度并加快财力弥补速度是不可或缺的环节。

接下来，本研究将首先分地区、分产业及分行业，追踪税收收入弹性的变化，而后分析"营改增"导致的政府收入变动，最后落脚于增值税收入弹性的测算，以期更精确地评估"营改增"引发的政府间收入分配效应。

---

① Craig E. D., Heins A. J. The Effect of Tax Elasticity on Government Spending [J]. *Public Choice*, 1979, 35 (35): 267 – 275.

② Keen, M., & Mintz, J. The Optimal Threshold for a Value-added Tax [J]. *Journal of Public Economics*, 2004, 88 (3): 559 – 576.

③ Fullerton D., Metcalf G. E. Tax Incidence [J]. *Handbook of Public Economics*, 2002, (4): 1787 – 1772. Gordon R., Li W. Tax Structures in Developing Countries: Many Puzzles and a Possible Explanation [J]. *Journal of Public Economics*, 2009, 93 (7): 855 – 866.

④ Lin, S. China's Value-added Tax Reform, Capital Accumulation, and Welfare Implications [J]. *China Economic Review*, 2008, 19 (2): 197 – 214.

第二节 税收收入弹性测算及分配效应解释

一 研究设计

要总览"营改增"的政府间收入分配效应,就要关注税收收入变动导致的财力分布变化。两方面的情况,决定了研究设计:其一,考虑到营业税和增值税占税收收入比重较高,理解其收入弹性变化需要对税收总收入弹性有整体性的把握。简单观测增值税收入弹性,很可能忽视一些具有总体特征的趋势。其二,间接税税制结构下,税收收入弹性之间的彼此关联密切而复杂。增值税收入弹性变化是产业和行业总税负变动的表现之一,但非全部。产业税负变化是衡量"营改增"减税目标的主要标尺。基于上述逻辑,本章后续行文,将适度扩展对增值税收入弹性影响的分析。如图9-2所示,对"营改增"的分析,将依据政策目标,从国地税分治和产业税负两个层面入手,最后归结于增值税收入弹性。

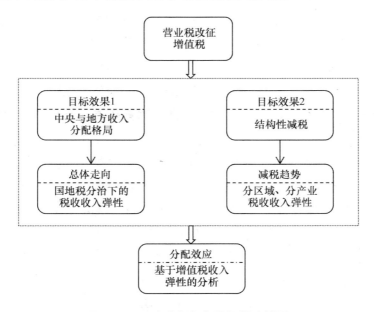

图9-2 研究分析框架及逻辑路线图

第一，国地税分治主要报告全国及区域税收收入的总体情况。针对国地税分治的研究将为后续研究增值税收入弹性变化提供税收总收入弹性变动的基本规律，并为评估政府间收入分配效应积累证据。依据吕冰洋和郭庆旺（2013）解释，国地分税的契约激励效应，是促进我国税收增收的重要因素。研究将从国地税收入弹性的角度，观测过去数年，税收收入弹性总体变化情况，旨在揭示国地税征管效率对税收收入分配的影响。进一步，本研究将按照国务院批准的行政区划归类办法，将省一级行政单位加总为东部、中部和西部三个区域。在保持区域特征的同时，消除省级之间的税收活动彼此影响及外生政策对个别省区税收收入的冲击。

第二，产业税负主要报告全国及区域产业税负总体情况。针对产业税负的研究将为后续研究增值税收入弹性变化提供相关产业税负变动的主要趋势，并为分区域、分行业分析奠定基础。依据 Gordon 和 Li（2009）的研究，产业间税收归宿受到产业发展阶段及产品供需弹性的影响。本研究将从产业税收收入弹性的角度，观测过去数年，税收收入弹性总体变化情况，旨在揭示不同产业的税收贡献度。考虑到 2006 年农业税彻底取消过后，第一产业贡献税收收入的比重很小。研究时将只关注第二产业和第三产业的税收收入弹性。与第一部分口径一致，分区域观测第二产业和第三产业的税收收入弹性。与第一部分衔接，本章进一步将税收收入弹性的测算拓展到此次"营改增"争议较大的——第二产业向第三产业延伸的过程之中。

第三，增值税收入弹性主要报告全国及区域性产业增值税总体情况。综合前面两部分对国地税分治下税收总收入弹性和分区域、分产业的税收收入弹性分析，研究将进入到对增值税收入弹性变动的测算与评估。依据何代欣（2014）的研究，各地发展水平和产业状况差异将最终影响"营改增"的政策效果。本章将现有增值税收入，细分为工商业增值税、工业增值税和商业增值税三个部分。在比较第一部分税收总收入弹性变化和第二部分产业税收收入弹性变化的基础上，进一步测算分行业的增值税收入弹性变化。以此标识出增值税收入弹性变动对政府收入分配的影响。与前两部分的口径一致，研究将省一级行政单位加总为东部、中部和西部地区。在分析行业增值税收入弹性时，关注不同区域增值税收入与经济增长之间的关系。

二　分区域税收分配效应：基于国地税的税收收入弹性估计

"营改增"的收入分配效应植根于整体税收收入形势和税收分配格局。相对于 GDP 增速 8% —10% 的窄幅变动，税收收入增速受到微观经营绩效和宏观经济周期的双重冲击，波动也更大。单纯分析税收收入总体弹性，会损失较多的细部信息。为此，本研究将从区域（见表 9 – 1）和国地税分治两个维度（见表 9 – 2），估计"营改增"前后，税收收入弹性的变动。事实上，现代税制结构中，主要税种变动与税收收入总体变化之间的关系紧密。当其他税种大致依照历史轨迹运行的情况下，观测税收总收入弹性变化及其分配效应，成为宏观层面评估"营改增"效应的重要选项。测算方式：税收收入弹性 = 税收收入增速/GDP 增速。

分区域看，"营改增"前后，全国税收收入弹性在 2012 年出现峰值 1.6。上升区间则从 2008 年延续至 2012 年。这 5 年间，税收收入弹性的均值为 1.26。换言之，税收收入增速是同期 GDP 增速的 1.26 倍。具体看，税收收入增速最快出现在 2011 年，同比增长 23.7%。按照区域分类看，东部地区税收收入弹性低于全国平均值 0.1 至 0.2。中部地区税收收入弹性波动较大，比如 2008 年、2012 年、2013 年分别高出全国水平 0.2、0.1、0.3，但在 2010 年和 2011 年，税收收入弹性均比全国平均值低。西部地区税收收入弹性与全国平均值比较吻合。由于西部地区经济波动较大，从 GDP 增速基本高于全国平均增速的特征看，能够得出税收收入增速波动也更大、增速也更快。

分国地税的税收收入弹性，"营改增"前后没有大的变动。基本面是——地税收入弹性高于国税收入弹性。数据显示：2008—2013 年，国税收入增速从未跑赢地税收入增速。样本区间内，税收收入弹性最高的 2010—2012 年，国税和地税的收入弹性之差最小。相反，随着税收收入弹性的降低，国税和地税的收入弹性之间的差距开始拉大。最大差值出现在 2013 年，西部地区国税和地税的收入弹性之比为 2∶7。按照财政部历年财政收支情况的解释，房地产业和金融业营业税收入高增长，是支撑地税收入快速增长的最主要因素。研究发现，2008 年之后，相对于增值税平稳运行，营业税存在此两大突出的增收点。"营改增"扩围到房地产业和金融业，将从根本上将本属地方的营业税，彻底纳入到共享的增值税之中。可以想象，2016 年 5 月 1 日"双扩"之后，如果将增值税计入国税范畴，不考虑税收分成和转移支付等再分配行为，那么，国税收入弹性落后于地税收入弹性的情况将会反转。

表 9 - 1　　　　　　　　　全国及区域税收收入弹性

分类	全国及区域税收收入弹性					
	2008	2009	2010	2011	2012	2013
全国	0.9	1.1	1.3	1.4	1.6	0.9
全国：国税	0.8	0.9	1.2	1.2	1.0	0.6
全国：地税	1.2	1.5	1.4	1.6	1.5	1.3
东部地区	0.9	0.9	1.2	1.3	1.4	0.8
东部：国税	0.7	0.8	1.1	1.2	0.9	0.7
东部：地税	1.1	1.1	1.3	1.6	1.2	1.1
中部地区	1.1	0.9	1.1	1.3	1.7	1.2
中部：国税	1.0	0.6	1.0	1.2	0.8	0.7
中部：地税	1.2	1.7	1.2	1.6	2.1	1.8
西部地区	1.0	1.3	1.4	1.3	1.4	0.9
西部：国税	0.9	1.0	1.2	1.1	0.9	0.4
西部：地税	1.2	1.9	1.5	1.5	1.3	1.4

　　数据来源：《中国税务年鉴》（2009—2014），《中国统计年鉴》（2009—2014），核实数据参考来自财政部、国家税务总局与国家统计局的公开资料。计算公式：税收收入弹性 = 税收收入增速/GDP 增速。计算数值保留小数点后一位。2014 年和 2015 年数据暂无法核实，遂未纳入，将在今后研究中补充。东部地区、中部地区和西部地区依照国务院批准的行政规划，按省一级行政单位汇总。

三　分产业收入分配效应:基于区域的税收收入弹性估计

众所周知,增值税具有链条抵扣的特点。产业负担的税负中,真正处于流动状态的主要是增值税。在税收归宿难以精确追踪的情况下,以产业税负作为观测增值税税负高低的代理变量,分析其收入弹性的变化,有助于理解增值税扩围导致的税负变动。"营改增"的主要目标是结构性减税,产业税负变动能有效标示出"营改增"的实际效果。参照上一部分的测算方法,我们依然分区域测算税收收入弹性系数的变化。

产业税收收入弹性,能反映出产业贡献税收的能力。考虑到第一产业税收比重小,研究重点关注了第二产业和第三产业的税收收入弹性。此两方面,向上承接税收收入弹性总体格局,向下连接增值税税收收入弹性等具体问题。测算方式:税收收入弹性 = 税收收入增速/产业增加值增速。

分产业和区域看,"营改增"前后,第二产业和第三产业的税收收入弹性,呈现交替领先的局面。如表 9 – 2 所示,样本区间下,2008 年、2010 年、2011 年和 2013 年,第三产业税收收入弹性大于第二产业。2009 年和 2012 年则是第二产业税收收入弹性更大。虽然宏观数据显示:第三产业对 GDP 拉动逐年提高,但 2008—2013 年第二产业对 GDP 拉动依然高于第三产业。遗憾的是,第二产业税收收入弹性没有绝对超过第三产业。这说明税收增速不及产业增加值增速,整体税制具有一定的累退特征。东部地区第三产业发达,但第三产业税收收入弹性没有显著超出第二产业的迹象。相反在 2009 年,第三产业与第二产业的税收收入弹性之比为 1∶3。中部省区第三产业税收收入弹性明显高于第二产业。这意味着单位 GDP 口径下,第三产业贡献税收收入的能力更强。大部分年度,第三产业税收收入弹性 2 倍于第二产业。西部地区税收收入弹性波动较大,2008 年和 2010 年第三产业税收收入弹性都是 2 倍于第二产业,但在 2012 年和 2013 年第二产业税收收入弹性更高。造成上述情况的原因,很可能源自第三

产业税收征管的难度更大。在增值税链条没有完全延伸至第三产业的
情况下，该部门税负负担呈现不稳定特征。配合近年来笔者走访调研
发现，第三产业有时可以游离在税收征管之外，有时又被收过头税。
这种由于税制不完善导致的税收收入弹性变化，应该引起高度重视。

表9-2　　　　　　　　　　分区域分产业的税收收入弹性

分类	分区域分产业的税收收入弹性					
	2008	2009	2010	2011	2012	2013
全国：第二产业	1.0	1.6	1.1	1.3	1.5	0.6
全国：第三产业	1.1	0.7	1.4	1.5	0.9	1.0
东部：第二产业	0.9	1.5	1.1	1.3	1.0	0.4
东部：第三产业	1.0	0.5	1.1	1.4	0.9	1.0
中部：第二产业	0.9	0.6	0.7	1.0	1.2	0.8
中部：第三产业	1.7	1.4	1.8	1.8	1.1	1.2
西部：第二产业	0.8	1.2	0.9	1.0	1.2	0.6
西部：第三产业	1.6	1.2	2.2	1.7	0.9	1.0

数据来源：《中国税务年鉴》（2009—2014），《中国统计年鉴》（2009—2014），数
据核实参考来自财政部、国家税务总局与国家统计局的公开资料。计算公式：税收收入
弹性＝税收收入增速/产业增加值增速。计算数值保留小数点后一位。2014年和2015年
数据暂无法核实，遂未纳入，将在今后研究中补充。东部地区、中部地区和西部地区依
照国务院批准的行政规划，按省一级行政单位汇总。

四　区域与行业增值税收入综合分配效应："营改增"的影响
机制及预测

增值税收入弹性是衡量政府间收入分配效应的重要指标。不仅
因为增值税是过去20多年我国第一大税种，而且"营改增"之后，
增值税规模会逐步扩大，其收入分配效应也将进一步放大。考虑到
不同区域增值税收入弹性的差异，以及不同行业之间增值税贡献能
力的差异，本研究将在理解国地税分治下税收收入弹性，以及分析
不同产业税收收入弹性的基础上，全面分解区域与行业增值税收入
分配效应的变化趋势及运行规律。为新一轮增值税贡献的分成设计

乃至政府间财税关系调整,提供数据基点。测算方式:增值税收入弹性=增值税收入增速/行业增加值增速。

工商业增值税收收入弹性。工商企业增值税是工业增值税与商业增值税总和。本轮"营改增"的第一个环节,就是将增值税逐步扩围到工业与商业交叉的领域中。比如,从 2012 年 1 月 1 日起,上海交通运输业和部分现代服务业开展营业税改征增值税试点。从税制设计角度,这是打通增值税抵扣链条,真正实现全链条抵扣,减轻产业税负的关键一步。测算显示,样本区间下,全国工商业增值税收入弹性相对稳定。受到 2008 年之后 4 万亿元刺激计划和经济波动的冲击不明显。2008—2012 年间,工商业增值税收入弹性从未低于 1,均值为 1.3。2013 年受到全国税收收入弹性整体走低的影响,降为 0.6。分地区看,东部地区工商业增值税税收收入弹性相对稳定,中、西部地区波动较大。弹性系数最小值出现在 2013 年的中部地区,为 0.4;最大值出现在 2009 年的中部地区,为 1.5。

工业增值税税收收入弹性。工业部门是增值税征收的传统核心领域。近年来,工业增加值贡献增值税的力度在减弱。特别是 2008—2010 年期间,受到经济下滑和企业转型的影响,全国工业增值税弹性低于 1。2009 年甚至为 0.1。当然,2012 年和 2013 年,工业增值税收入弹性上升到 1.8 和 1.7 的高位。这种长期低位运行然后又高速拉升的情况说明,工业增加值贡献的税收收入与 GDP 增速之间的不匹配关系日趋明显。寄希望于通过扩大工业产能和规模,提升税收收入、增加财力的办法,很可能失效。产业经济学早已证实,加强产业分工、延长产业链条、增加产品和服务的附加值,是做强产业、培育税源的根本性办法。"营改增"扩大征收范围,指向鼓励更多的企业合作生产;扩大固定资产抵扣,就是鼓励更多新企业和新业态加入转型升级。

商业增值税收入弹性。纯粹的商业部门增值税体量约为工业部门增值税的 1/4。以 2013 年为例,全国工业增值税总额为 22803.86 亿元,商业增值税总额为 6129.48 亿元。从增值额看,

2013 年，全国工业增加值总额为 210689.4 亿元，商业增加值为
55671.9 亿元。工业增加值实际税率为 10.8%，商业增加值实际税
率为 11.0%，大致相当。从商业增值税变动趋势看，样本时间段，
全国商业增值税收入弹性平均值为 0.87。年度间，商业增值税收
入弹性与工业增值税收入弹性不具有同步特征。这说明，即使在现
行增值税体系下，打通工业和商业增值税的联络并不容易。这也是
"营改增"过程中很可能要面临的问题：即在税制上实现了全链条
抵扣和均等化税负，但行业深度融合与产业税负平衡则需要探索更
多的微观机制设计。特别是在各地方产业结构不同和行业特色存在
差异的情况下，同样的 GDP 增长会有不一样的税收收入效应。

表 9－3   分行业分区域增值税收入弹性

	2008	2009	2010	2011	2012	2013
工商业增值税收入弹性						
全国	1.0	1.6	1.1	1.3	1.5	0.6
东部地区	1.1	0.7	1.4	1.5	0.9	1.0
中部地区	0.9	1.5	1.1	1.3	1.0	0.4
西部地区	1.0	0.5	1.1	1.4	0.9	1.0
工业增值税收入弹性						
全国	0.9	0.1	0.6	0.7	1.8	1.7
东部地区	0.8	0.7	0.5	0.6	1.8	1.9
中部地区	0.8	－1.0	0.5	0.7	0.8	0.9
西部地区	0.8	－0.2	0.7	0.7	0.6	0.6
商业增值税收入弹性						
全国	0.8	1.8	1.2	0.7	－0.1	0.8
东部地区	0.7	1.1	1.1	0.7	0.1	1.1
中部地区	1.4	1.8	1.5	0.8	－0.9	0.3
西部地区	1.0	0.6	1.4	1.4	0.4	0.5

    数据来源：《中国税务年鉴》（2009—2014），《中国统计年鉴》（2009—2014），数
据核实参考来自财政部、国家税务总局与国家统计局的公开资料。计算公式：增值税收
入弹性＝增值税收入增速/行业增加值增速。计算数值保留小数点后一位。2014 年和
2015 年数据暂无法核实，遂未纳入，将在今后研究中补充。东部地区、中部地区和西部
地区依照国务院批准的行政规划，按省一级行政单位汇总。

第三节　结论及政策建议

从研究结果看，"营改增"将导致中央与地方财力重新分布。表面上是，营业税的消失，地方政府将更多依靠增值税分成获得本级税收收入。但深层次看，"营改增"的政府间收入分配效应广泛存在于税制运行的全过程。其一，"营改增"发生在中国告别税收高增长的阶段。税收收入弹性降低趋势已不可逆。类似"94 税改"的增量改革模式（Xing、Li，2011）不再适用。其二，"营改增"可能导致短期内区域或省际间税收收入的加剧失衡。研究显示，区域间税收收入弹性和增值税收入弹性存在历史差异。产业结构调整和征管效率提升均非一日之功。因此，做好区域间财力平衡工作与做好中央与地方财力平衡都很重要。

一　重新制定增值税分成比例有助于化解政府间收入分配失衡

长远看，中央与地方贡献增值税既要有稳定的分成比例，也应该搭建差异化的协商模式。这是渐进式调整中央与地方财力分布的可行路径。研究认为：第一，现阶段中国的税收收入弹性具有较强的动态特征。这意味着"营改增"做大增值税收入之后，增值税收入弹性变动的影响会在不同区域间产生不一样的效果。可以预计，区域间税收竞争会有所加剧和税收收入分配差距也会相应拉大。因此，重新设计分成比例是现实选择。第二，未来的中央与地方关系应在大体稳定的情况下，保持协商灵活性。这是继承"94 税改"的精神，也是在不能一步到位情况下，逐步优化中央与地方财政关系的有效办法。考虑到"营改增"在区域、行业和产业间的收入分配效应不完全一样，财力再分配环节要有差异化设计。具体来说，过去 10 年的专项转移支付制度，存在一定的缺陷和低效率。扩大一般性转移支付的前进方向还应坚持。

二 确保地方财力不下滑与地方财政长期可持续

"营改增"的减税目标清晰而明确。但由于抵扣链条不完整，税率调整滞后等客观情况，部分行业和产业税负可能有所增加。不仅于此，更大的阻力依然来自地方。地方政府担心没有主体税种——营业税。如何接续财力和如何应对财政支出压力，都是各级地方政府极为现实的问题。为了确保税制改革乃至总体改革进程的推进，本研究建议：首先，要确保地方税收收入不减少。保证地方财力供给，不能采用追加收入任务的方式来实现，而是要依靠政府间财力再分配进行补给。如果短期财力弥补有困难，上收事权和实施上级政府购买公共服务，都是度过财政困难期的办法。其次，基于"营改增"有促进税基扩大的作用。"营改增"后的企业经营存在适应期。到底要不要扩大再生产？到底要不要外包一部分生产环节？企业的微观决策都与"营改增"减税幅度有关。税务部门要做好宣传和税收服务工作，这不仅是推广"营改增"的工作要求，而且是尽快实现税基扩大，减税落地的双赢举措。

三 缩小工业增值税与商业增值税之间的收入弹性差异

保持各类税收收入弹性的平稳，将有助于缓解政府间收入分配的失衡。影响未来增值税收入不可知因素还比较多。研究发现，增值税收入弹性的历史轨迹存在比较明显的波动，而主要冲击来自商业增值税收入弹性不稳定。如若照此趋势，"营改增"全面推开，商业增值税变化对增值税收入弹性的影响会加大。要使"营改增"得以顺利推进，维持增值税收入弹性平稳，显得非常必要。为此，首先，要做好监测和追踪测算。"营改增"之后的增值税收入弹性很可能会出现变化。追踪趋势有助于尽早获悉收入变动大小。其次，要维持增值税收入弹性平稳，关键要实现行业税负均衡。工业企业税基相对不容易受到侵蚀，但商业活动的避税可能性较大① (De Mello, 2008; Keen, 2009)。加强税收链条的管理和税源监控,有助于税收收入的稳定。最后,打通工商业增值税链条将伴随地方财力平衡的全过程。"营改增"的终极目标是实现宽税基、低税率的税制结构。随着经济增长,工业和商业将同步发展,税收负担会逐渐趋同,政府也会拥有更广的税收来源。打通工商增值税的实际效果,正在于此。"营改增"不会消灭地方财政,但可能削弱地方本级财力。实现更加均衡的政府间财力分配,有赖于政府间再分配环节的完善,更依靠税制功能的完全发挥。

---

① De Mello L. Avoiding the Value Added Tax: Theory and Cross-country Evidence [J]. *Public Finance Review*, 2008, 37 (1): 27 – 46. Keen M. What Do (and Don't) We Know about the Value Added Tax? A Review of Richard M. Bird and Pierre-Pascal Gendron's The VAT in Developing and Transitional Countries [J]. *Journal of Economic Literature*, 2009, 47 (1): 159 – 170.

第 十 章

驱动结构性改革：支撑创业
创新的财政政策

如何将创业创新作为驱动结构性改革的关键力量？财政政策具备的"稳定器"和"激发器"功能，大有施展空间。眼下，结构性改革开始面临人口红利消失和结构性失业、支持企业创新与拒绝"僵尸企业"、财政收入下滑、支出刚性增长和政府债务处置等诸多因素影响。财政政策直指化解结构性改革中的就业失业问题、减缓经济减速、实现动能转换、体现现代财政制度下的财政政策支撑力等多项宏观调控目标。考虑到财政政策还存在惠及个人的制度设计不足、惠及企业的政策精准度不高和财政体制影响政策落地等情况，本研究认为：财政政策应着眼于保障和激励两端发力；有针对性地减轻企业税费负担；激发地方支持创业创新的积极性。

第一节　政策目标

如何实施有效的结构性改革？"大众创业、万众创新"成为关键。这不仅有助于中国迈向全要素经济增长轨道，即依靠技术进步有关的生产基础，而且有利于促成个人和企业在转型发展中分享到改革红利。支撑创业创新的财政政策将驱动结构性改革。一方面，经济增长动能转换过程中，市场配置资源的有效性很可能阶段性降低。财政政策具有的"稳定器"功能，可以缩短震荡周期、减小系统风险；另一方面，财政政策能助力个人和企业的未来发展。无论是短期失业或是积极创业，还是产品、工艺的创新攻坚，减税和补贴的"激发器"功能，可以兜底试错成本、促进探索创新。视野更大一些，支撑创业创新的财政政策是新一轮积极财政政策的重要组成部分，也是创新财政政策功能、实现国家治理体系和治理能力现代化的集中体现。

结构性改革面临的局面和任务，会令财政政策有一定压力。**首先，人口红利消失与结构性失业问题突出**。2012 年，中国劳动力人口出现峰值。依靠劳动力无限供给，提升资本回报率和经济潜在增长率的办法，已难以实施。虽然中国城镇人口登记失业率维持在 4% 左右，远低于同期发达国家 10% 水平，但就数量规模而言，大学生就业创业，钢铁、煤炭等资源能源企业职工分流，裁军承诺下的退伍军人安置，都是当前的艰巨工作①。**其次，支持企业创新与拒绝"僵尸企业"②的两难抉择**。支持企业度过转型期的财政政策，面临甄别企业活力和潜力的困难。到底什么样的企业具有良好未来？什么样的企业已丧失造血功能？财政并不那么清楚。但能不能对企业进行有效甄别，实施有针对性的扶持，关系到财政政策的有效性。**最后，财政收入下滑、支出刚性增长和政府债务处置的影响**。2015 年，中国财政收入增速（5.8%）低于 GDP 增速（6.9%）。一般而言，遇到经济减速，财政收入就会放缓。随着可支配财力下降，财政支出也会相应减少。但是，当下中国的情况不是这样。2015 年，财政支出增速（13.17%）约 2 倍于 GDP 增速。财政实际赤字率达到 3.48%③。2016 年预算赤字 2.18 万亿元，预算赤字率为 3%④，还有数十万亿元的地方政府存量债务。财政自身的"短收"与"超支"，有可能进一

---

① 《国务院关于大力推进大众创业万众创新若干政策措施的意见》（国发〔2015〕32 号）（http：//www.gov.cn/zhengce/content/2015 - 06/16/content_ 9855.html）。

② 其特征是依靠政府补贴和银行贷款生存的企业。起源于 20 世纪 80 年代末 90 年代初，日本企业转型过程中发生的情况（http：//en.wikipedia.org/wiki/Zombie_ company）。

③ 数据来源：中华人民共和国财政部（http：//gks.mof.gov.cn/zhengfuxinxi/tongjishuju/201601/t20160129_ 1661457.html）。

④ 李克强：《政府工作报告》，2016 年 3 月 5 日（http：//www.gov.cn/guowuyuan/2016 - 03/05/content_ 5049372.html）。

步压缩政策活动空间。此外，关系到政策落地的央地财政关系调整，也不可忽视。

一　帮助化解结构性改革中的就业失业问题

缓解周期性失业。周期性失业问题，是发展经济学和劳动经济学长期关注的热点[①]（Faggio、Konings，2003）。产业周期的集中体现便是产能过剩，周期性失业随之而来。因为在过剩产能淘汰过程中，往往伴随企业职工的转岗分流。失业在所难免。越是低端的产业，劳动力密集程度很可能越高，劳动力的再就业越困难[②]（Liu，2009）。中国并非第一次经历周期性失业。从 1998 年，中国全面实施国有企业改革的经验看，类似于纺织行业压锭减员，中小企业关停并转的行动，形成了为数众多的下岗人员。此举改变了国有企业办社会的既有体制，但事实上也造成了大量的失业人口。在当时社会保障体系基本没有建立的情况下，社会负面情绪和经济不稳定都有一定程度地显现。今天，中国再次站到经济周期的节点之上，我们依然面临新企业崛起和老企业退出的局面。财政政策如何兜底新一轮的"下岗分流"，为改革"埋单"将是非常现实的问题。

解决结构性就业。中国一直将增进劳动者素质，作为经济社会发展的重要方向[③]（中共中央国务院，1999）。以 1999 年开始的高等学校扩招[④]和 2014 年后大力发展现代职业教育[⑤]为标准的教育转

[①] Faggio G., Konings J. Job Creation, Job Destruction and Employment Growth in Transition Countries in the 90s [J]. *Economic Systems*, 2003, 27 (2): 129 – 154.

[②] Liu D. C. Structural Changes in Job Creation and Destruction [J]. *Economics Letters*, 2009, 104 (1): 34 – 36.

[③] 中共中央国务院《关于深化教育改革全面推进素质教育的决定》（http://www.moe.edu.cn/publicfiles/business/htmlfiles/moe/moe_ 177/200407/2478.html）。

[④] 1999 年教育部出台的《面向 21 世纪教育振兴行动计划》。文件提出到 2010 年，高等教育毛入学率将达到适龄青年的 15%。进入 2008 年后，教育部表示 1999 年开始的扩招过于急躁并逐渐控制扩招比例，但在 2009 年环球金融风暴的背景下，教育部开始了研究生招生比例的调节。

[⑤]《国务院关于加快发展现代职业教育的决定》（国发〔2014〕19 号）（http://www.gov.cn/zhengce/content/2014 – 06/22/content_ 8901.html）。

型，体现了国家长远发展的总体布局。高等教育的规模扩张，带来
了大学生毕业人数的急剧增加。大学生就业问题不只发生在当下，
而且引发了过去15年的全社会关注。如图10-1所示，2000年大
学毕业生（普通高校预计毕业生）不足百万，2007年达到了近700
万人。研究生毕业人数从2004年的15万人上升至2015年的55.2
万人。如果加上往年毕业但未就业的，2016年的大学毕业生就业
规模可达千万人。与一般劳动力的就业不同，大学生具有创新热情
和创业能力。2012年之后，针对大学生创业的补贴和税费减免开
始有计划地增加。

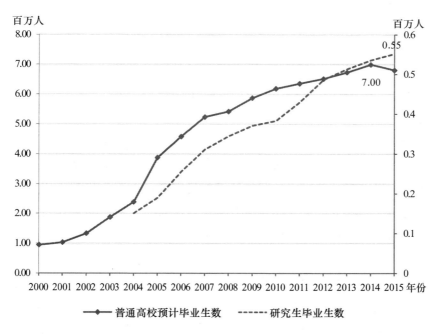

图10-1　高校毕业生及研究生毕业人数（2000—2015年）

促进重点人群就业创业。财政肩负着保障特殊人群就业的责
任。2013—2015年，中国年均就业困难人员约170万人，城镇登
记失业人员维持在950万—970万人之间。提供就业帮助成为财政
工作的一项内容。产能利用不足会导致失业。2014年开始，钢铁

和煤炭等资源能源属性比较强的行业，产能下降很快。2015 年钢铁产能利用率约为 70%，煤炭产能利用率约为 65%，低于世界范围产能利用合理区间 75% 以上的公认标准。如果同比计算，钢铁行业未来五年约有 40 万—50 万名职工需要安置，煤炭行业超过 130 万名职工需要安置。此外，裁军 30 万承诺加上每年复原和退伍军人的正常安置任务，都给财政政策提出了新要求。

二　减缓经济减速与实现动能转换

稳增长是未来一段时期的经济工作的重心，财政政策不能缺位。从传统上依靠资本或劳动的要素驱动，转变为多种要素共同推动下的全要素增长[①]（蔡昉，2013），有赖于财政政策发挥更大作用。十八届五中全会和国民经济与社会发展第十三个五年规划，都将"两个一百年"奋斗目标，即全面建成小康社会列入其中。这意味着到 2020 年，实现人均 GDP 比 2010 年翻一番，未来的 GDP 增速不能低于 6.5%。与过去 38 年（1978—2015）中国 GDP 增速 9.72% 的平均水平相比，经济增速虽明显降低，但实现起来并不容易。首先，全球经济步入下行区间，作为世界第二大经济体的中国难以独善其身；其次，中国经济下行是周期性因素和结构性因素叠加的结果，综合性、立体化的改革任务繁重；最后，中国经济新常态的结构性改革，更加依赖新技术和新工艺，特别是发挥市场机制的作用。

供给侧结构性改革是实现增长动能转换的新办法。经典意义上的积极财政政策，源自凯恩斯主义扩大社会总需求函数的思想。财政扩张之后，包括中国在内的大多数国家都存在刺激效力衰减，政府赤字和债务高企等现实问题。于是转而依靠市场力量，促进要素优化配置，成为供给管理的初衷[②]（Say，1817）。20 世纪 80 年代，

---

① 蔡昉：《中国经济增长如何转向全要素生产率驱动型》，《中国社会科学》2013年第 1 期，第 56—71 页。

② ［法］萨伊：《政治经济学概论》，商务印书馆 2009 年版。

美国以提升要素配置的效率作为主要目标，英国则将降低要素成本作为首要任务[①]（刘霞辉，2013）。减税与放松管制成为供给侧改革切入点。放置在财政框架下，政策实施直指削减企业运行成本，缓解财政刚性支出，鼓励创新创业。中国供给侧结构性改革，是要将资本配置到更有效的领域，将劳动力投入到增长更需要的方面，以创新发展推动转型升级。图 10 - 2 显示，2013 年之后，第三产业贡献 GDP 增长的能力明显高于第二产业。其中，大量的服务业创业创新发挥了关键作用。

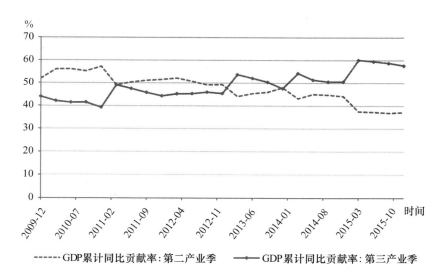

图 10 - 2　GDP 累积贡献率比较：第二产业与第三产业（2009—2015 年季度数据）

三　体现现代财政制度下的财政政策支撑力

财政困难不影响财政政策实施。财政是国家治理的基础和重要支柱[②]（高培勇，2016）。然而，这个基础和支柱客观上受到经济

---

① 刘霞辉：《供给侧的宏观经济管理》，《经济学动态》2013 年第 10 期，第 9—19 页。
② 高培勇：《深刻认识财政"基础和支柱说"》，《人民日报》（理论版），2016 年 1 月 7 日（http：//theory. people. com. cn/n1/2016/0107/c40531 - 28022978. html）。

周期的冲击，财政收支因此波动。图 10 - 3 是 2000—2015 年财政
收支的弹性系数（财政收支增速/GDP 增速）。可以看到：其一，
财政支出弹性远高于财政收入弹性，大都发生在经济下行区间。比
如，2008—2010 年和 2014 年至今。可以理解为，我们有发挥财政
政策刺激经济增长的经验。其二，当前财政政策正面临财政收入弹
性历史低点的约束。2011 年之后，中国财政收入弹性一路走低。
2015 年，财政收入弹性历史性跌破临界点 1，从富有弹性转化为缺
乏弹性。这意味着"94 税改"以来，财政收入增速高于 GDP 增速
的纪录被终结。与此同时，2015 年财政支出弹性从 2014 年的
1.14，急升为 2.29，创年度历史最大涨幅。这说明，财政政策特
别是支出政策，在我国财力基础今非昔比的当下，有能力支撑增支
目标的实现。2015 年，国务院 32 号文件要求财政政策支出创业创
新——加大财政资金支持和统筹力度；完善普惠性税收措施；发挥
政府采购支持作用。

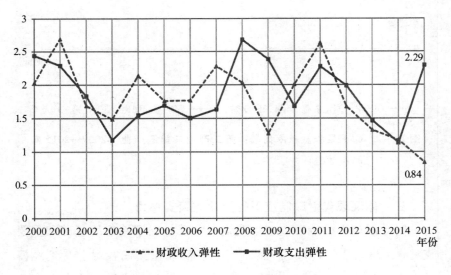

图 10 - 3　财政收入与支出弹性系数（2000—2015 年）

　　财税改革红利惠及创业创新。财税改革的制度红利容易被忽

视，但其积极作用大多惠及长远①（迟福林，2013）。自 2014 年年底新《预算法》实施算起，财税改革正在加速。政府间事权划分、减税等陆续推出。近期的财政收入困难，令统筹财政收入成为必然。2015 年伊始，3 年时间内政府性基金纳入一般公共预算管理，提高国有资本收益上缴比重，实施政府性债务审计与转置等都是统筹财政资源、防范财政风险、提高资金效率的实质性举措。事实上，大量的创业创新体现在个人和企业的微观活动中。其产出商品或服务流通于市场之中。无论是减税、补贴还是政府购买，都是财政与市场微观主体打交道的过程。比如推行中的社会资本与政府合营（PPP），以及政府购买公共服务，本身就是制度创新而来的新模式。社会效率的整体优化不止于创业创新带来的活力，还存在于财税改革激发的行政效率。

第二节　财政政策面临的挑战

一　惠及个人的财政政策受制于现有财税制度

直接税体系之难。创业创新的财政政策要面向微观主体。具体而言，个人而不是整体或区域成为财政政策的关注重点。这与以往的宏观调控不同。而从现行税制安排和政府支出体系看，我们的体制机制还缺乏基础。其一，间接税而非直接税的税制体系，导致减税能否落实到创业创新群体存在疑问。间接税归宿由商品或服务的弹性决定。无论是作为需求方还是供给方，大多数创业创新个体的力量单薄且分散，在税负转嫁中大多处于弱势。因此，减间接税不易惠及到个人。其二，如何做到为个人减直接税。呼唤多年的个人所得税综合与分类改革终于提交全国人大。此举能不能有效促进创业创新群体的减税，尚有待观察。在创业创新初期，个体经营所得和企业所得存在交叉。创新人才奖励的个税优惠与减免范围还不够

---

①　迟福林：《改革红利》，中国经济出版社 2013 年版。

大。换言之，与个人有关的所得税调整有待更进一步加大。

补贴创业创新之难。是否能激励创业创新个体是财政政策成功的关键[1]（Gentry、Hubbard，2000）。创业创新可能有极高的收益，也存在较大的风险。财政补贴是帮助个人去尝试新事物、开拓新领域。其特征是共担风险但不直接分享收益。到底哪些人群需要补贴？以什么样的形式补贴？关系到财政资金效率和创业创新成效。目前的难点在于：第一，财政支持的创业基金落地难。先期资金注入能够有效提升创业创新的成功率。而现实是，为了对公共资金负责，政策补贴设置了一系列要求，并不是所有的创业创新者都熟悉政策、满足标准。第二，补贴效率不易追踪，使得持续帮扶成本较高。财政补贴的绩效评价要看补贴对象的经营成效如何。要弄清楚财政支持的创业创新的效果，费时费力且不易掌控。输送到市场的有限财政资金，到底发挥了多大作用，后续应该减少还是追加，哪一些特征的创业创新值得投入，还没有太多的经验可循。财政资金存在打水漂的风险。

二　惠及企业的财政政策不止于减税和补贴

企业负担包含税费和时间成本。创新企业负担不止于税收和行政收费，还有大量与政府打交道的其他成本。有研究表明，广义的创新环境真正决定了企业的选择[2]（Shleifer 等，2010）。只有企业转型才能促进整个经济转型。这之中，政府要起到催化剂作用。一方面，因为企业减税政策还存在门槛。过去 2 年，政策层面已经两次提高了小微企业所得税优惠政策。地方层面的营业税和所得税也不少。享受到这些优惠要求以一定的经营规模为基础。初创期的创

---

　　① Gentry W. M. , Hubbard R. G. Tax Policy and Entrepreneurial Entry ［J］. *American Economic Review* , 2000 , 90 (2)：283 – 287.

　　② Simeon D. , Ganser T. , McLiesh C. , Ramalho R. , and Shleifer A. The Effect of Corporate Taxes on Investment and Entrepreneurship ［J］. *American Economic Journal*：*Macroeconomics* , 2010 , 2 (3)：31 – 64.

业创新企业大多处于净投入状态，账面盈利不多甚至几年没有利润，减企业所得税不足以帮助到所有需要帮扶的企业。另一方面，企业与政府打交道的成本依然较高。调研显示，创业创新活动大多需要申报，周期长、补贴随意突出。进一步看，简政放权与有效监管之间的经验依然不足。支持创业创新的政府活动大都配备有财政资金，但这些钱不一定能直接到创新创业企业手里。怎么统筹并安排有限财力，也是亟须回答的问题。

如何才能避免补贴"僵尸企业"？那些经营不善早该关门的企业，仍然活跃于市场之中。它们占据资源，影响政府、市场和消费者的判断。经济转型困难期，更应该消除这样的"僵尸企业"。大多数研究从银行怎么不给"僵尸企业"贷款的角度展开①（Joe、Rosengren，2005；Caballero 等，2008；Fukuda 等，2011）。其识别办法值得财政借鉴。那些获得财政补贴或者减税的创新企业，如果在一个时间段内利润不升反降，就应该纳入"僵尸企业"的观测名单。并且，作为获得财政补贴的"责任"，企业有义务向政府提供更为详细的财务信息和经验记录。不能忽视中国"僵尸企业"的独有特征。不完备的市场体系和各种保护主义更可能是"僵尸企业"的生存土壤。这会令财政政策失灵。破除"僵尸企业"的干扰，不仅靠技术，还要靠更完备和更透明的市场机制。

三　财税体制对政策落地的影响

怎样去激励地方政府？这些年，财力上移与事权下沉导致了财政体制有些偏离分税制改革方向。支持创业创新的财政政策面临事权划分、财力来源和既有债务三个主要问题。首先，不同地域的创业创新环境有差别，侧重点也不一样。当我们高度关注互联网和高

---

① Caballero, Ricardo J. , Takeo Hoshi, and Anil K. Kashyap. Zombie Lending and Depressed Restructuring in Japan ［J］. *American Economic Review*, 2008, 98 (5): 1943 – 1977. Fukuda, Shin Ichi, and J. I. Nakamura. Why Did "Zombie" Firms Recover in Japan? ［J］. *World Economy*, 2011, 34 (7): 1124 – 1137.

新技术企业时，也要看到传统产业的创新潜力。中央和地方如何划分创业创新的扶持范围，要根据项目特点进行区分。其次，事权与财力匹配机制不足。每一级政府的财力和事权都有既定的规则。新增的创业创新扶持计划，应该有新的资金配给。如何实施谁想做事、谁要付钱，还有待制度设计。最后，政府债务和赤字约束。减税和补贴都会冲击到各级财政平衡。短时间内，大部分创业创新项目不增加财政收入。怎样量力而行、因地制宜，还要尽快拿出方案。

如何再造财政与企业、个人的关系？政府与市场的关系，具体表现之一便是财政与企业、个人的关系。传统上的财政关系集中在政府内部。创业创新为拓展财政关系范围，提供了绝佳的实验条件。第一，财政与企业、个人之间，不只是收钱和给钱的关系。财政活动和偏好对企业的影响是全方位的。财政政策营造出的环境，很大程度上左右了企业或个人要不要创新或创业。第二，市场机制与财政中性原则。创业创新值得鼓励，但不能以破坏市场机制为前提。财政政策如何退出与如何进入同等重要。不能离开了补贴或者减税，创业创新就难以为继。第三，政府采购如何联系中小企业或个人。政府采购大多倾向于大企业。信誉和品质而非价格影响到了选择。政府采购支持已纳入规划。如何鼓励创业创新在产品或服务方面全方位提升，而非价格竞争，考验财政政策的激励效果。

第三节　重点政策

一　着眼保障和激励两端发力的财政政策

落实财政政策的保障功能。兜底转型发展的财政保障，就要面向当前就业创业的主要群体，并注意分类实施。具体而言，大学毕业生的政策需求集中于投融资领域优惠；就业困难人员需要最基本的社会保障，并扶持一批吸纳这类人群就业的重点企业；退伍军人和分流职工，需要接续其社会保险，实施再就业培训和创业扶持。

上述方面，财政部门应与人力资源和社会保障主管部门深度合作，对资金运行、政策进展和支出规模进行全面的统筹安排。

发挥财政政策的激励作用。直接税改革不仅是财税改革自身的前进方向，还是完善宏观调控、调节分配收入和实施针对个人的就业创业帮扶的制度基础。个人所得税综合与分类改革已经起步。如果随后能纳入创新费用扣除和培训教育扣除，将有助于激励社会大兴创业创新之风。借鉴大多数国家做法，个人生产经营所得与企业所得税税率应逐步走向平衡。进一步减小小规模纳税人和纳税自然人之间的税负差异，鼓励小微企业起步发展。面向个人的财政补贴重在建立体制机制。基于个人征信系统和银行现金管理系统的个人资金信息，应尽快作为财政补贴政策实施的微观依据。以此减小面向个人补贴的不确定性风险和寻租空间。

二　有针对性地减轻企业税费负担

创业创新活动是经济社会活动的一个重要环节，甚至是先进社会生产的顶端。只有实施全面减轻企业税费，才可能真正促进创业创新，才有可能推动全要素生产率提升[1]（蔡洪滨和刘俏，2009）。首先，减间接税。合并增值税多档税率，降低增值税整体税负[2]（何代欣等，2015）。考虑到过渡阶段，抵扣链条不完整的问题，仍继续让企业选择是按照营业额计税还是按照抵扣过后计税。其次，减直接税。企业所得税和个人所得税税率降低要考虑中国周边国家的情况，更要考虑同等发展水平国家的情况。创业创新致力于转型升级，研发费用、劳动成本和固定资产加速折旧应尽快拿出方案。比较可行的办法是中央制定指导意见，地方根据实际情况调

---

① Cai Hongbin（蔡洪滨）and Qiao Liu（刘俏）. Competition and Corporate Tax Avoidance: Evidence from Chinese Industrial Firms [J]. *Economic Journal*, 2009, 119（537）: 764 – 795.

② 何代欣、马昆姝、王周飞：《扩大就业创业市场的财税政策取向》，《税务研究》2015 年第 8 期，第 10—14 页。

整。最后，注意减税对财政收入冲击。真正将新增赤字和债务用于减税。拿出为创新转型埋单的办法。天使投资在内的投向种子期、初创期等创新活动的投资，各种税费减免已在尝试。投资成功以后的所得税减免应有别于传统行业投资所得。这是为鼓励以后更大规模民间投资的制度设计。

避免减税和补贴流向"僵尸企业"。第一，借鉴银行部门识别"僵尸企业"办法。协调存贷款信息和工商登记纳税信息，积累不同类型"僵尸企业"的识别经验。将享受财政补贴贷款等政策的创新企业，先期纳入识别范围。第二，尽可能将行业、地域等保护的"僵尸企业"排除在财政扶持范围之外。认识到"僵尸企业"能够存在，有自身隐藏因素，也有外部庇护。加强财政审计特别是重点审计，找出那些名为创新重组，实为苟延残喘的企业。第三，做好创业创新政策的全流程评估。市场比政府更能认清企业或个人的创新创业能力。应发挥第三方评估在政策执行过程中的监督作用。利用政府购买公共服务的平台，推进政策全流程评估业务的展开。

三　激发地方支持创业创新的积极性

创业创新的财政政策离不开地方支持。支持创业创新的财政政策中，多次出现"统筹""支持有条件的地方"等字样。这说明差异性不仅表现在企业创业创新的选择，而且体现出各地财政的情况不同。激发地方支持创业创新不完全是让基层政府多出钱、多出力，而是找准各地需求，实施精准发力。思路上，财政困难期的地方政策要有所为有所不为。中央政策保持方向性，才有地方政策的灵活性。不是所有地方都适合互联网与信息产业，传统制造业和服务业创新也该支持。从路径看，中央与地方事权划分十分关键。谁给政策、谁埋单的原则执行起来并不容易。比较稳妥的办法依然是政策协商，将财力和政策做好准备之后再推开。执行中，要把政策重心放在基层政府。比如，鼓励对"众创空间"等孵化机构的办公用房、用水、用能、网络等软硬件设施给予适当优惠，大都发生在财政支出账面之外。花钱做看不见的事情，积极性可想而知。上级财政如有对应的转移支付，政策落地便能容易很多。

财政与企业、个人之间更紧密沟通。过去 30 年，世界范围内的财政政策极速微观化。一项政策对企业和个人的影响，远比政策本身受到的关注高。支持创业创新的关键还是令财政政策真正走向市场，惠及微观主体。第一，普惠式财政政策更要体现科学性。可以看到创新创业的成效高于形式。市场机制的灵敏度高于政府。供给侧管理要求激活微观主体的积极性，财政政策不能继续大水漫灌，而是要构建毛细血管。第二，财政设立的创新创业基金和示范城市应在政策上先行先试。如何认定高新技术企业并实施 70% 抵扣减免等政策，可以重新评估并灵活把握。第三，疏通政府采购创业创新产品的渠道。尽快对政府采购法相关规定做出解释，为创业创新产品进入提供便利。新的 PPP 项目和政府公共服务可优先考虑创业创新产品或服务。

第十一章

驱动结构性改革：大国转型中的
新能源领域财税政策

　　结构性改革下的新能源领域财税政策，已迈入全面转型升级的新阶段。经济增速下行引致的能源总需求下降、社会可持续发展诉求下的环境保护和新一轮财税体制改革，都将对未来政策产生深刻影响。如何持续体现减税与补贴效果、怎样鼓励新能源消费、谁来负担清洁环境费用和如何维持产业竞争力，正成为财税政策调整过程中，亟须解决的重大现实问题。本研究认为，应不断提升促进新能源产业转型发展的政策效果；以财税政策优化带动新能源产品的消费升级；利用财税工具分享新能源发展的环境红利；构建提高新能源产业全球竞争力的政策体系。

第一节　经济社会转型的结构性影响

　　中国新能源领域的生产与消费，正步入从高速增长到全面转型的关键期。一方面，持续多年的自身耕耘和政策鼓励，令中国新能源产业比较成功地实现了"后发赶超"（林毅夫，2012）①。2015年7月公布的《BP世界能源统计评论》显示：中国非化石能源消

---

① 林毅夫：《新结构经济学：反思经济发展与政策的理论框架》，北京大学出版社2012年版。

费量占世界的 18.22%，冠居全球①。另一方面，供给侧结构性改革的大背景，使得新能源产业即将或已在承受能源需求整体下滑、国际能源价格走低、技术再突破瓶颈、减税和补贴滑坡等冲击。可以说，如今的新能源产业，已不位于从无到有的零起点，也不身在中国经济持续高速增长的旧常态，更可能不再受益于财政盈余条件下的大力扶持。一系列新能源领域的财税政策，都或许会在未来数年里，逐步走向重构甚至退出。如何立足大国转型背景、洞悉产业发展现状、预判未来新能源生产与消费趋势，将是今后财税政策优化调整过程中，必须面对的重大现实问题。本章将尝试在既有政策框架改进和未来机制设计上，做出探索性贡献。

一　经济转型下能源消耗：总量与结构的变化

经济转型升级对新能源产业影响是全方位的。2020 年，作为一个重要的时间节点将载入中国经济发展和节能减排的史册。第一，"十三五"规划提出"到 2020 年全面建成小康社会，国内生产总值和城乡居民人均收入比 2010 年翻一番"。据测算②，如要实现上述目标，那么从现在起 GDP 年均增速要大于 6.5%。这一速度与过去 38 年（1978—2015）中国 GDP 增速 9.72% 的平均水平相比，明显降低。第二，哥本哈根气候大会上，中国向世界承诺：到 2020 年单位国内生产总值二氧化碳排放比 2005 年下降 40%—45%。这要求中国发展将全面走向低碳模式。应该看到，GDP 增速降低与单位 GDP 二氧化碳排放量下降的背后，是中国能源消费高

---

① 美国排名第二，非化石能源占世界的 17.74%。2014 年世界非化石能源消费量折合为 176.99 亿吨石油，中国为 32.25 万吨，美国为 31.39 万吨。非化石能源主要包括：核能（Nuclear Energy）、水电（Hydro-Electricity）和可再生能源（Renewables）。数据来源：BP GLOBAL. Statistical Review of World Energy, 2015 [EB/OL]. [2016 - 02 - 18]（http://www.bp.com/content/dam/bp/pdf/energy-economics/statistical-review-2015/bp-statistical-review-of-world-energy-2015-full-report.pdf）。
② 资料来源：人民网："十三五" 6.5% 以上增速目标是如何确定的？（http://politics.people.com.cn/n1/2016/0308/c1001 - 28179940.html）

速增长的终结。过去 10 年的趋势已经能够佐证。2005—2014 年，中国每万吨标准煤能耗能产生的 GDP 已从 0.71 亿元（2005）上升到 1.49 亿元（2014），静态效率提升超过 1 倍（见图 11 - 1）。同期，能源消耗增速始终低于 GDP 增速（见图 11 - 2）。以 2013 年为例，GDP 增速为 7.7%，能源消耗增速降低到历史最低的 2.18%。

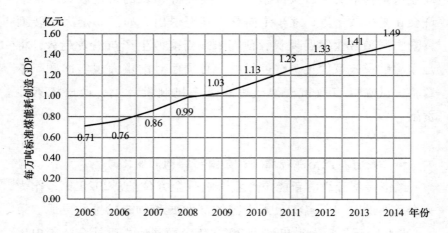

图 11 - 1　每万吨标准煤能耗创造的 GDP（2005—2014 年）

数据来源：国家统计局（2005—2014）。

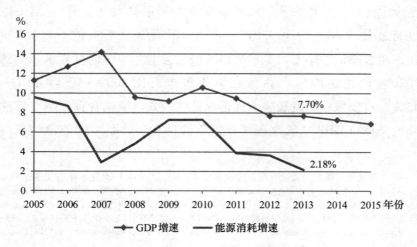

图 11 - 2　GDP 增速与能源消耗增速对比（2005—2015 年）

数据来源：国家统计局（2005—2015）。

按照属性分类，总体能源消耗可以划分为新能源与传统化石能源[1]（林伯强等，2010）。能源消费高增长的结束，意味着新能源和传统化石能源都面临需求增速放缓的局面，更意味着新能源与传统化石能源之间的竞争必将进一步加剧。生产与销售价格、使用便利性、可靠性和服务质量等，将决定未来新能源产业能够获得什么样的竞争地位，进而确立相应的市场份额。

二　社会发展持续下的环境保护

新能源产业发展为社会可持续发展带来了可能。在整体环保形势严峻的情况下，新能源领域财税政策的正外部效应持续显现。以京津冀大气污染治理为例[2]，2014 年和 2015 年空气重度污染天数分别为 47 天和 46 天。2016 年，北京市财政预算计划投入 165 亿元，目标是年末 PM2.5 浓度下降 5% 左右。村煤改清洁能源项目、蒸汽锅炉改造、高污染机动车淘汰、提高公交、环卫等公共服务体系能源车比例等将是财政埋单的具体行动。事实上，旨在实现低碳发展的财税政策，几乎遍布于所有新能源研发、生产和消费的环节。水利发电是目前较为成功的领域。1994 年，从农村小水电的增值税减免（财税〔1994〕4 号）算起，针对水电企业的税收优惠和上网电价整合从未间断。市场和政府的共同努力奠定了水电作为非化石能源"领头羊"地位。风电大发展得益于 2006 年之后，财政对风电机组零部件制造企业和整机设备制造企业的补贴支持。随后，鼓励风力发电厂建设、协调风电上网定价和整体税收优惠等政策亦快速跟进。太阳能光伏发电政策于 2005 年前后起步。2010—2013 年间，相关政策密集出台。太阳能光伏发电设备生产从不足到过剩之间的切换，给人感觉几乎发生在一夜之间。虽然太阳能发

---

① 林伯强、姚昕、刘希颖：《节能和碳排放约束下的中国能源结构战略调整》，《中国社会科学》2010 年第 1 期，第 58—71 页。

② 新华社：北京计划今年投入 165 亿元治理大气污染（http://www.gov.cn/xin-wen/2016 - 01/24/content_ 5035737. html）。

电上网等难题依然没有完全解决，但整个产业确实已在比较高的水平上运行。国家核工业战略整体引导下，核电在非化石能源中的技术实力最强。市场化的补贴和税收减免集中在核电和机组生产领域。技术研发和核电规划得到了国家战略的支持。2015 年 10 月，中国与法国合作投标英国核电项目成功，足以证明中国核电实力得到认可。

三　现代财政制度要求的政策体系

　　现代财政制度建设是推进新能源领域财税政策优化的重大契机。国家治理体系和治理能力现代化，离不开理顺政府与市场的关系。财税政策如何融入产业诞生、成长与成熟的各个环节，是一项系统性工程①（高培勇，2014）。经济学能提供诸如环境税等政策工具②（Martin、Weitzman，1974），还能解释消除负外部性过程中的新经济增长。政治学和管理学则能为政策实施提供可行路径③（李克强，2015）。仔细梳理新能源领域财税政策后发现，中央制定的新能源发展战略，落实到具体执行的企业或者消费新能源的个人，确实走了比较长的路。首先，一般公共预算收支下，中央和地方都有鼓励新能源发展的预算安排。其次，政府性基金下，与新能源有关的能源、工业、流通、交通、科研等诸多部门也都有资金支持（如可再生能源基金和各部门的专项基金）。再次，财税政策遍布于新能源领域的诸多层面。生产企业的设备折旧、税率减半、相关企业新能源贷款补贴、政策性银行优先放贷、所得税减免、直接产品补贴（上网电价和新能源汽车）、政府采购计划等，构成了微观世界中的新能源领域财政政策。很难想象，不断优化的新能源领

---

①　高培勇：《论国家治理现代化框架下的财政基础理论建设》，《中国社会科学》2014 年第 12 期，第 102—122 页。

②　Martin L. Weitzman. Prices vs. Quantities [J]. *Review of Economic Studies*，1974，41（4）：477–491.

③　李克强：《简政放权　放管结合　优化服务》，《中国行政管理》2015 年第 7 期。

域财税政策可以脱离现实的反馈与支持。事实上，正是本着"干中学"的精神，与美国、欧洲和日本等先发国家相比的中国新能源产业，起点虽低但进步很快。财税政策的"真金白银"和各方面的决策执行效率，功不可没。这与中国经济发展和改革的路径一脉相承。现代财政制度下，下一阶段的政策调整，则呼唤更精细化和更有效率的部署。

第二节 新能源领域财税政策面临的挑战

一 产业转型：如何持续体现减税和补贴效果

产能过剩倒逼的经济转型几乎发生在各个行业[1]（李扬、张晓晶，2015）。目前看，类似 1998 年和 2008 年的扩张性财政政策，已经很难精确化地作用于转型发展。财政收入增速大幅减缓[2]，令未来财税政策可以回旋的余地正在缩小。即使新能源领域的减税和补贴不会马上退出，政策力度和侧重点也应有所变化。实际上，中国几乎所有的新能源发电设备生产都面临产能过剩的困境。这与国内外市场需求下降有关，还与 2009 年以后风能、太阳能、水电机组等产业大规模上马有关。以风能产业为例，财税政策几乎覆盖了从发电机组、风场建设到补贴电价和支持研发等环节[3]。过去 5 年，财政部颁布的直接扶持政策不低于 20 项。如考虑到来自地方、各

---

　　[1] 李扬、张晓晶：《"新常态"：经济发展的逻辑与前景》，《经济研究》2015 年第 5 期，第 4—19 页。

　　[2] 2010—2014 年，中国公共财政收入累积同比增速出现了三次比较大的波动。而且，这种波动使增速不断地下台阶，从 40%到 30%、到 20%、再到 10%。2015 年的公共财政收入月度累计增速仅为 5.6%。财政收入增速 2 倍甚至 3 倍于 GDP 增速的阶段已经不在。

　　[3] 从鼓励建设风电场，下放风电项目审批权到收回审批权；从对外资风机免进口税到对风机关键零部件和材料进口实行退税，鼓励风机国产化；从招标确定上网电价，实行风电费用分摊制度（风电上网电价高出当地燃煤机组标杆上网电价部分，通过全国征收的可再生能源电价附加费分摊解决）到执行风电标杆上网电价；从对风力发电设备产业化实施专项补贴到调控风电设备产能过剩；从严控风电装备产业盲目扩张到加强质量控制，支持研发。

部门和行业的补贴和税费减免，规模则更大。这样一来，新能源领域的快速发展到底有多少来自市场竞争力，又有多少来自财税政策扶持，已很难区分清楚。着眼未来，矫正过往的市场扭曲，供给侧改革恰逢其时①（刘世锦，2015）。新能源产业已经度过了从无到有的萌发阶段，未来的减税和补贴会完全趋于中性。支撑其壮大的财税政策更应顺势而变，将有限的财力尽快转移到激发市场活力和鼓励技术创新上来。

二　消费升级：怎样鼓励新能源消费

供给侧结构性改革不是盲目扩大内需，而是激发有效消费。虽然 2004—2014 年的 10 年间，世界范围内的新能源消费量（可再生能源部分），从 75.7 百万吨（折合石油）上升到 316.9 百万吨（折合石油）增长了 4.2 倍②，但是化石能源价格走低和世界经济放缓③（刘鹤，2013），正在改变新能源市场和产业的运行轨迹。如何激发国内消费选择新能源而不是化石能源，成为摆在财税政策面前的一道难题。以新能源汽车补贴为例④，近期政策动向就广受各界关注。2016 年 1 月，国务院协调财政部、科技部、工信部和发改委联合下文，清理清查新能源汽车发展过程中的骗取补贴问题。同时，财政部重申了新能源汽车补贴政策将于 2020 年结束，接下来 4 年补贴逐步减少⑤。实际上，北京等大城市已大幅度削减

①　刘世锦：《GFP 及其驱动的经济增长》，《管理世界》2015 年第 10 期，第 1—6 页。

②　International Energy Agency/OECD, Energy and Climate Changes—World Energy Outlook Special Report, 2015 ［EB/OL］. ［2016 - 02 - 18］（http：//www. worldenergyoutlook. org/）.

③　刘鹤：《两次全球大危机的比较》，《管理世界》2013 年第 3 期，第 1—7 页。

④　《关于开展新能源汽车推广应用核查工作的通知》（财办建〔2016〕6 号）（http：//www. gov. cn/xinwen/2016 - 01/22/content_ 5035291. html）.

⑤　财政部部长楼继伟表示，2020 年后针对新能源汽车的补贴政策将退出。具体的措施是，2017—2018 年的新能源汽车补贴标准，将在 2016 年的基础上下调 20%，2019—2020 年下降 40%，2020 年以后补贴政策退出。

燃油汽车上牌，并严格执行李克强总理提出的不给新能源汽车设置地方障碍的政策。然而，民众对新能源汽车的购置热情依然不够高。即使不谈技术成熟度、充电设施等问题，单看新能源汽车补贴过后仍然数倍于同档次燃油汽车价格，且选择面非常狭小的现实，就可以预计到补贴退出后的困难。同样的问题，存在于风电、太阳能光伏并网电价的真实竞争力，还存在于太阳能多晶硅与风电设备反倾销争端等诸多方面。长远看，新能源产业能不能沿着政策指引的方向发展？消费升级过程中新能源产品有没有一席之地？依然有待未来各方努力。

三 环境改善：谁来负担清洁环境的费用

低碳发展模式下的新能源产业，大多会将改善环境的功效体现在消费端。但产生清洁电力的设备往往不那么环保。多晶硅、风电机组、纯电动汽车电池组等都是大工业化生产的结果。高耗能和高排放伴随其生产的全过程。现有的消费税和未来的环境税，大多是对高耗能产品或污染排放进行限制。基本没有对全局环境是否改善，进行深入考虑。新能源生产到消费的全链条，到底能够多大程度整体性地减少环境污染，尚缺乏细致的盘算。再进一步，新能源的需求端大多集中于人口密集、经济发达地区。消费能力和消费规模决定了市场的存在。既有的财税补贴和税收减免，集中在新能源产地，作用却发挥在消费一端。逆向财政补贴和外地环境改善，并不符合公共支出的属地受益准则[①]（Goulder、Stavins，2011）。以北京、上海等大城市为例，大部分清洁能源产品非本地生产。政策限制下，本地污染企业大量外迁，污染源被排除在行政区域之外。清洁环境的费用实际上并不在本地财政支出的负担范围内。今后政策调整，该如何引导财政体制和市场机制，向贡献清洁能源供给方

---

① Goulder L. H., Stavins R. N. Challenges from State-Federal Interactions in US Climate Change Policy [J]. *American Economic Review*, 2011, 101（3）：253－257.

和为贡献新能源而受污染的地域倾斜？尚待探索。

四 全球竞争力：如何应对能源价格走低

美元进入升值通道、全球经济步入转型期和产油国不情愿减产，共同导致了石油价格步入低价区间。其他化石能源——如煤炭和天然气价格，亦受波及。如今油价几乎只有其最高价位时的1/3（BP，2015）。与之同步，新能源产业的投入却在高企。据2015年IEA报告显示，世界新能源产业投资规模为4700亿美元（2013），中国为139亿美元，排名世界第一。大量投入意味着未来新能源产出巨大。得益于多年来财力充裕，中国支持新能源产业发展的财税政策，持续时间和力度都位居世界前列。高速发展背后的隐忧开始浮现。在低油价面前，生物乙醇已几乎不具备竞争力。这直接导致了全球范围内的产能大量闲置，甚至带来了粮价下跌。风电设备和太阳能光伏产品有自身寿命周期。现有产能建立在过往的用电需求基础上。如果化石能源长期低价运行，未来新能源发电企业能够存活多少，还很难说。如若类似于电动汽车电池、光伏转化率和风电机组寿命延长等关键技术问题，不能短期突破，那么多年财税政策鼓励下的新能源产业，或许很快会成为下一个"夕阳产业"。换言之，新能源产业不仅不能成为转型升级的抓手，还可能沦为政策扶持后的过剩产能。长期看，如何理解国际能源价格趋势和技术更新规律，是未来政策调整的另一项棘手课题。

第三节 未来政策的建议

一 不断提升促进新能源产业转型发展的政策效果

深刻理解中国经济全方位转型的长期性和新能源产业发展阶段中的周期性。考虑到目前大多数扶持政策基本上是为产业初创而设，未来财税政策应更注重促进产业转型发展的长期目标。收入方面，应将新能源税优惠纳入供给侧结构性改革的减税布局。进一步完善技术研发和新设备的增值税抵扣。适当降低产业实际税率。做好"营改增"过程中税负过渡性方案，避免税负阶段性增加。扩大所得税减免政策积极效应。考虑到大多数企业盈利比较困难，"三免三减半"等政策的实际效果有限。因此，还要发挥投资抵免支出简便易行的优点。支出领域，重新梳理补贴政策。将适用范围正在缩小的产业启动补贴，转移到促进新能源做大做强的环节。缩小产业发展与政策供给之间的周期间隔。基于市场机制发挥财税政策作用，减小补贴的扭曲效应①（何代欣，2014）。以产业特征和周期制定财政补贴力度和持续年限。体制改革上，注意协调中央与地方财税政策。将支持新能源产业发展的财税政策，纳入财税改革的整体布局。发挥中央与地方两个层面的各自优势，对支持产业发展的事务进行有效划分。清理一批负担较重、效果衰减的旧政策。新增加的支持政策应与财力供给匹配，不给地方财力增加过重负担。

二　以财税政策优化带动新能源产品的消费升级

中国经济转型体现在生产和消费各个环节。鼓励新能源产品消费应成为下一个阶段，财税政策调整的优先方向。从消费而非生产环节，为新能源产品提供政策支持需要完全不同于过去的新思路。第一，探索将类似于新能源汽车的消费补贴，落实到其他新能源产品。太阳能、风能和生物质能的消费可与扶贫开发、减贫战略对接。将政府转移性支出和政府采购向上述产品的消费端倾斜。第二，不在新能源产品内部设置歧视政策。纯电动汽车在不同地域的补贴力度较大（几万元到十几万元不等）。但更具有推广价值的混合动力汽车却支持不够。财税政策不应被属地行政管理政策（比如限牌和本地汽车产业）绑架。放松属地新能源市场的管制，制定消费者享有中央层面普惠性补贴和可选择地方性补贴的实施办法。第

---

① 何代欣：《促进新能源产业发展的财税政策：评估与调试》，《税务研究》2014 年第9 期，第6—10 页。

三，将中央和地方的新能源补贴纳入财力可承受的测算范围。新能源领域财税政策，不仅有财政部门的直接减免和补贴，其他职能部门的预算支出中都有对新能源产品的支持。这种多渠道不稳定的支出形式，对市场扭曲、补贴延续性和财政可持续性都有影响。下一步需要按中央与地方、行业与产业，核算补贴力度、查明补贴方式和明确补贴形式，为腾出力量带动消费做好准备。

三　利用财税工具分享新能源发展的环境红利

发展新能源的目标之一是保护环境。而新能源自身带来的环境问题不能忽视。财税工具应在提供治理费用和限制排放方面发挥积极作用。比如，大城市污染日益受到重视的同时，周边地区的环境改善和污染治理则要靠财税工具来平衡。利用经济学和环境科学的最新方法，政策设计思路可做如下调整：其一，将环境受益与治理污染相衔接。借鉴水环境治理的流域管理经验（上游与下游的保护与补偿协定），将生产新能源的污染物排放与享受新能源的环境改善对接。实施受益地与污染地之间的转移支付政策，促进新能源的持续利用（如引入京津冀协调发展）。其二，财税政策调整要借鉴经济学和环境科学的研究结论。基于空间经济学对治理环境污染的研究①（Gaudet & Salant，2001），对区域性污染物的负外部性和新能源利用的正外部性进行比较。明确污染物聚集程度和鼓励新能源发展存在的对应关系。以年均空气污染指数为依据，越是容易遭受污染地区，财税政策就越应鼓励新能源利用。财力不足部分可以考虑中央或者受益地区的财政支持。

四　构建提高新能源产业全球竞争力的财税政策

中国新能源产业已在国际上有了一席之地。相比过去，未来财

---

① Gaudet G. , Salant S. W. Intertemporal Depletion of Resource Sites by Spatially Distributed Users [J] . *American Economic Review*, 2001, 91 (4)：1149 – 1159.

税政策设计更不能忽视促进产业的全球竞争力提升。基于政策时效性周期，本研究提出三点建议：第一，精准把握化石能源与新能源之间的关系。近期传统化石能源价格走低，会对既有的新能源产品产生实质上的重大冲击。过度补贴新能源产品消费并不是当下最优选择。相反，利用低价期增加化石能源税收，适时推出广税基、低税率的环境税，整合资源税和消费税，既有助于缓解财政压力，又完善了制度建设。第二，发挥税收减免和关税补贴扩大内需的作用。现有政策促成的中国新能源产品国际价格优势，有一部分实际上是在生产环节补贴给了国外消费者[①]（Hering、Poncet，2014）。考虑到国外市场长期增长乏力，国内市场尚有提升空间和支持财力正在滑坡等现实，未来政策更应注重扩大国内需求。第三，研发和技术引进应尽快成为财税政策鼓励的重点。新能源产业有赖于具有经济性的技术研发与推广。鼓励创业创新的国家战略，正是支撑这类活动的政策基础。具体到财税政策，应鼓励拥有技术专利和研究潜力的新能源研究团队和个人，落户国内发展。即将展开的个人所得税综合与分类改革中，可以考虑将新增创新活动成本开支纳入综合费用扣除中。企业所得税费用扣除中允许增加创新活动的人力成本开支比重。尽快给予内资企业在进口新能源技术和设备上与外资企业平等的关税地位。

---

① Hering L. , Poncet S. Environmental Policy and Exports: Evidence from Chinese Cities [J]. *Journal of Environmental Economics & Management*, 2014, 68（2）: 296 – 318.